어휘가 독해다!
초등 국어 어휘
3 단계
초등 3~4학년 권장

평생을 살아가는 힘,
문해력을 키워 주세요!

문해력을 가장 잘 아는 EBS가 만든 문해력 시리즈

예비 초등 ~ 중학

문해력을 이루는 핵심 분야별 / 학습 단계별 교재

어휘　　쓰기　　ERI 독해　　배경지식　　디지털독해

우리 아이의 **문해력 수준은?**

더욱 효과적인 문해력 학습을 위한
EBS 문해력 진단 테스트

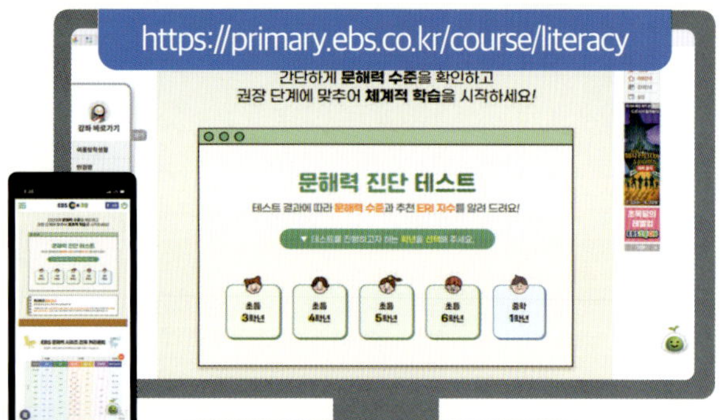

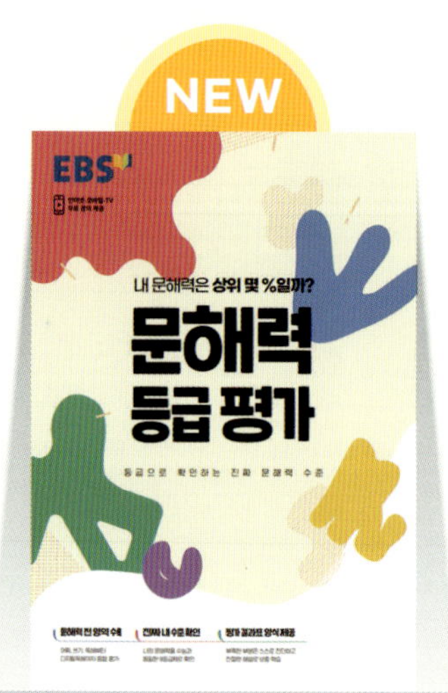

등급으로 확인하는
문해력 수준

문해력 등급 평가
초1 - 중1

어휘가 독해다!
초등 국어 어휘
3단계
초등 3~4학년 권장

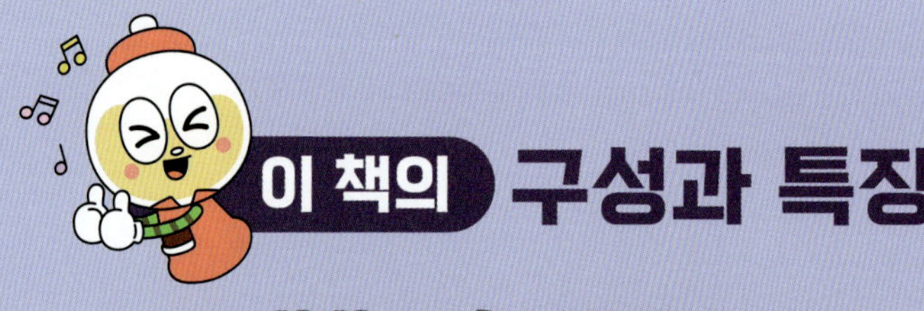

이 책의 구성과 특징

쑥쑥 어휘 실력!! 읽기 잡고 국어 잡고~

· 어휘 공부를 통해 읽기와 국어 공부를 함께할 수 있습니다.
· 초등학교 교과서에 자주 나오는 어휘를 학습할 수 있습니다.
· 쉽고 재미있게 어휘를 공부할 수 있습니다.

어휘 익히기

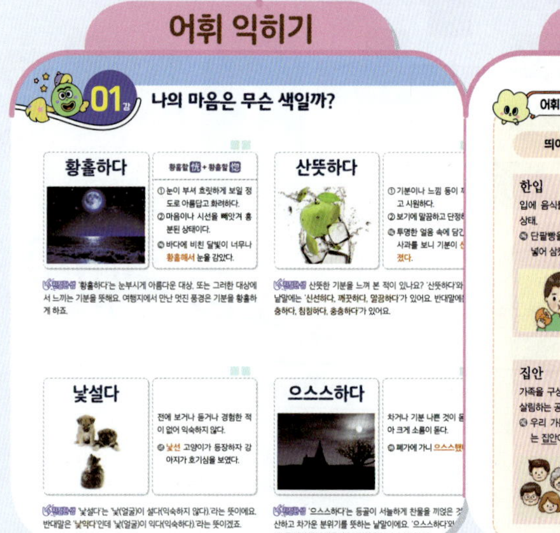

어휘 더하기

초등학교 교과서에 자주 나오는 어휘들을 그림을 통해 공부해 보아요.
비슷한말까지 공부하고 나면 어휘 실력이 한 단계 올라갈 수 있을 거예요.

헷갈리거나 함께 알아 두면 좋은 어휘를 공부할 수 있어요.
문제도 꼭 풀어 보아요.

문항을 통해 배운 어휘를 얼마나 이해했는지 확인해 보아요.

어휘 다지기

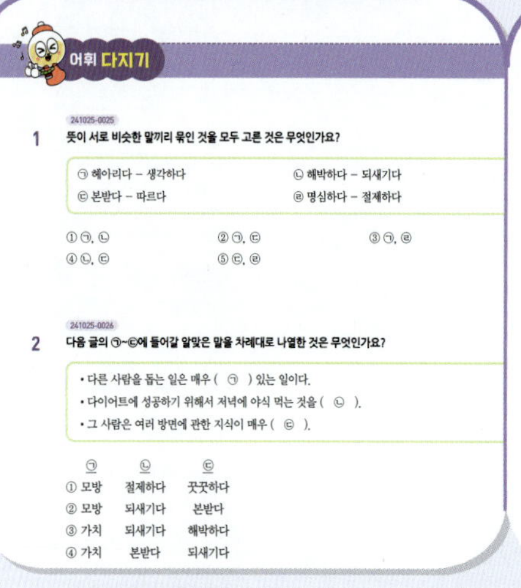

어휘 활용하기

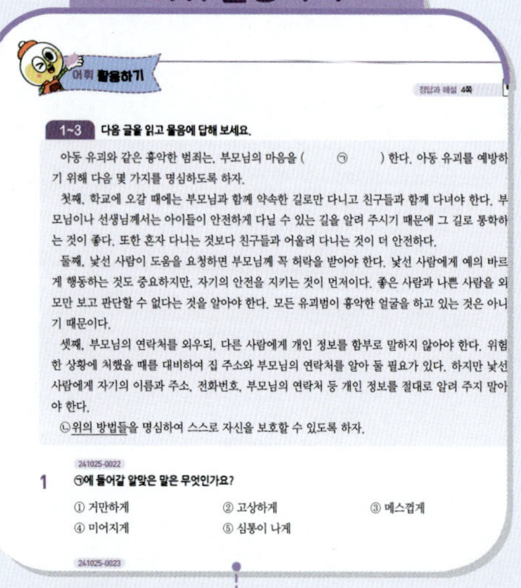

앞에서 배운 어휘가 사용된 지문을 읽고 독해 문제를 풀어 보아요.

어휘 펼치기

우리말에서 많이 사용하는 속담, 고사성어 등을 만화·삽화로 쉽고 재미있게 공부할 수 있어요.

어휘 굳히기

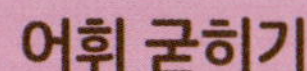

01~07강 어휘 굳히기

1 낱말과 그 뜻이 바르게 짝 지어지지 <u>않은</u> 것은 무엇인가요?

① 애쓰다 – 무엇을 이루기 위해 힘을 들이다.
② 으스대다 – 보기에 좋지 않게 우쭐거리며 뽐내다.
③ 정의롭다 – 진리에 맞는 올바른 도리에서 벗어남이 없다.
④ 무절제하다 – 정도에 넘지 않도록 알맞게 조절하여 제한하다.
⑤ 으스스하다 – 차거나 기분 나쁜 것이 몸에 닿아 크게 소름이 돋다.

2 뜻이 비슷한 말끼리 짝 지어지지 <u>않은</u> 것은 무엇인가요?

① 흉악하다 – 선하다
② 애틋하다 – 애달프다
③ 은은하다 – 은근하다
④ 친밀하다 – 허물없다
⑤ 시무룩하다 – 뽀로통하다

3 다음 대화에서 밑줄 친 부분과 관련된 낱말은 무엇인가요?

7강마다 앞에서 익힌 어휘를 다시 한번 확인하며 복습해 보아요.

정답과 해설

내가 풀어 본 문제들의 해설을 확인해 보아요.

이 책의 차례

Ⅲ 자연·과학·수학·국어

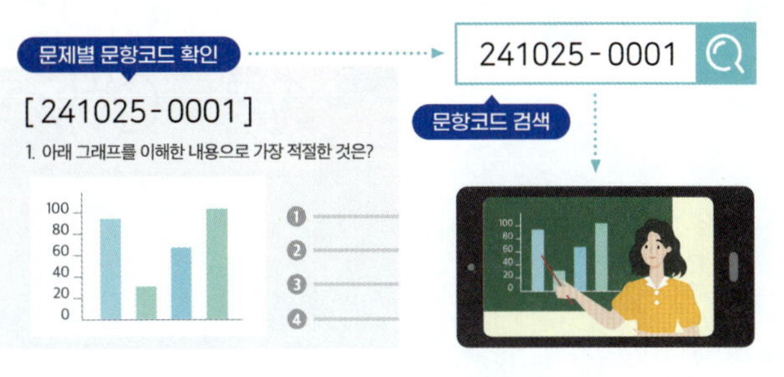

인공지능 DANCHOQ
푸리봇 문|제|검|색
EBS 초등사이트와 EBS 초등 APP 하단의
AI 학습도우미 푸리봇을 통해 문항코드를
검색하면 푸리봇이 해당 문제의 해설 강의를
찾아 줍니다.
문제별 문항코드 확인
[241025 - 0001]
1. 아래 그래프를 이해한 내용으로 가장 적절한 것은?
241025 - 0001
문항코드 검색

I

느낌·생각·동작

나의 마음은 무슨 색일까?

황홀하다

황홀할 恍 + 황홀할 惚

① 눈이 부셔 흐릿하게 보일 정도로 아름답고 화려하다.
② 마음이나 시선을 빼앗겨 흥분된 상태이다.
예 바다에 비친 달빛이 너무나 **황홀해서** 눈을 감았다.

친절한 샘 '황홀하다'는 눈부시게 아름다운 대상, 또는 그러한 대상에서 느끼는 기분을 뜻해요. 여행지에서 만난 멋진 풍경은 기분을 황홀하게 하죠.

산뜻하다

① 기분이나 느낌 등이 깨끗하고 시원하다.
② 보기에 말끔하고 단정하다.
예 투명한 얼음 속에 담긴 초록 사과를 보니 기분이 **산뜻해졌다.**

친절한 샘 산뜻한 기분을 느껴 본 적이 있나요? '산뜻하다'와 비슷한 낱말에는 '**신선하다, 깨끗하다, 말끔하다**'가 있어요. 반대말에는 '**우중충하다, 침침하다, 충충하다**'가 있어요.

낯설다

전에 보거나 듣거나 경험한 적이 없어 익숙하지 않다.
예 **낯선** 고양이가 등장하자 강아지가 호기심을 보였다.

친절한 샘 '낯설다'는 '낯(얼굴)이 설다(익숙하지 않다).'라는 뜻이에요. 반대말은 '**낯익다**'인데 '낯(얼굴)이 익다(익숙하다).'라는 뜻이겠죠.

으스스하다

차거나 기분 나쁜 것이 몸에 닿아 크게 소름이 돋다.
예 폐가에 가니 **으스스했다.**

친절한 샘 '으스스하다'는 등골이 서늘하게 찬물을 끼얹은 것처럼 음산하고 차가운 분위기를 뜻하는 낱말이에요. '으스스하다'와 '으시시하다' 중 어떤 말이 맞을까요? 정답은 '**으스스하다**'예요.

은근하다

괴로워할 慇 + 은근할 懃

① 행동 따위가 함부로 드러나지 않고 은밀하다.
② 겉으로 나타내지는 않지만 속으로 생각하는 정도가 깊고 간절하다.
예 연꽃은 화려하지 않지만 **은근한** 아름다움이 있다.

친절한 샘 '은근하다'는 '**은은하다, 그윽하다**'와 비슷한 뜻이에요. 야단스럽지 않고 꾸준하게 하는 모습이나 깊고 그윽한 감정이나 분위기를 나타낼 때도 쓰여요.

무안하다

없을 無 + 얼굴 顔

얼굴을 들지 못할 만큼 수줍거나 창피하다.
예 녹음된 내 노래를 듣는데 무척 **무안했다.**

친절한 샘 너무 부끄러워서 어디에라도 숨고 싶어질 때, '**쥐구멍을 찾다**'라는 말을 사용해요.

훈훈하다

향풀 薰 + 향풀 薰

① 날씨나 온도가 견디기 좋을 만큼 덥다.
② 마음을 부드럽게 녹여 주는 따뜻함이 있다.
㉠ 우산을 건네주는 친구의 **훈훈한 마음**에 감동을 받았다.

친절한샘 '훈훈하다'는 '**따뜻하다, 훗훗하다**'와 비슷한 뜻을 가진 낱말이에요. 온도뿐 아니라 사람의 따뜻한 마음을 표현할 때도 사용해요.

태평하다

클 太 + 평평할 平

① 나라가 안정되어 아무 걱정이나 탈이 없다.
② 마음에 아무 걱정이 없다.
㉠ 오빠는 약속 시간이 얼마 남지 않았는데 **태평하게** 잠을 잔다.

친절한샘 '**무사태평하다**'는 '아무런 탈이 없이 편안하다.'라는 뜻이에요. 세월이 가는지도 오는지도 모른다는 표현은 이런 무사태평함을 비유적으로 뜻하는 말이에요.

어휘 더하기

정답과 해설 2쪽

띄어쓰기로 의미가 달라지는 우리말

한입
입에 음식물이 가득 찬 상태.
㉠ 단팥빵을 <u>한입</u> 가득 넣어 삼켰다.

VS

한 입
한 번만 먹음.
㉠ 준영아, 나 딱 <u>한 입</u>만 주라.

집안
가족을 구성원으로 하여 살림하는 공동체.
㉠ 우리 가문은 뼈대 있는 <u>집안</u>이야.

VS

집 안
집의 내부.
㉠ 청소를 해서 <u>집 안</u>이 깨끗하다.

'한입'은 입에 음식물이 가득 찬 상태를 뜻해요. 그러나 '한 입'이라고 띄어 쓰면 일의 차례나 횟수를 나타내기 때문에 딱 한 번(1)의 횟수를 말하는 거예요.

'집안'이라고 붙여 쓰면 가족을 구성원으로 하여 살림을 꾸려 나가는 공동체를 뜻해요. 그러나 '집 안'으로 띄어 쓰면 각각의 단어가 뜻을 갖기 때문에 '집의 안(내부)'을 뜻해요.

다음 문장에서 알맞은 낱말을 골라 ○표 하세요.

(1) 새로 이사 간 곳은 (집안 / 집 안)이 좁다.
(2) 다이어트 중이니 (한입 / 한 입)만 먹고 끝내야지.

241025-0001

1 뜻이 서로 반대되는 낱말끼리 묶인 것을 모두 고른 것은 무엇인가요?

> ㉠ 으스스하다 – 으시시하다　　　㉡ 훈훈하다 – 훗훗하다
>
> ㉢ 산뜻하다 – 우중충하다　　　㉣ 낯설다 – 낯익다

① ㉠, ㉡　　　　② ㉠, ㉢　　　　③ ㉠, ㉣

④ ㉡, ㉢　　　　⑤ ㉢, ㉣

241025-0002

2 다음 대화의 빈칸에 들어갈 알맞은 말을 차례대로 나열한 것은 무엇인가요?

> 태희: 와! 오랜만에 놀이동산에 왔더니, 기분이 정말 (　㉠　).
>
> 소망: 우리 '유령의 집'부터 체험해 보면 어때?
>
> 가돌: 입장하는 곳만 봐도 어쩐지 (　㉡　)하다.

	㉠	㉡		㉠	㉡
①	황홀하다	으스스	②	흉악하다	으스스
③	흉악하다	산뜻	④	황홀하다	은근
⑤	태평하다	은근			

241025-0003

3 다음 대화와 관련 있는 표현을 찾아 선으로 바르게 이어 보세요.

1 ⓐ 너 시험공부 다 했니?

　　ⓑ 그거야 뭐, 한숨 자고 해도 되지.　　　　　　　　•　　　　　•　㉠ 태평하다

2 ⓐ 홍수로 피해를 입은 분들이 안타까워.

　　ⓑ 우리 적은 금액이지만 모금을 하면 어떨까?　　•　　　　　•　㉡ 훈훈하다

241025-0004

4 왼쪽의 밑줄 친 낱말과 비슷한 의미를 가진 낱말을 오른쪽에서 찾아 선으로 바르게 이어 보세요.

1 아침 공기가 <u>산뜻하다</u>. •　　　　　• ㉠ 음산하다

2 이 마을은 분위기가 <u>으스스하다</u>. •　　　　　• ㉡ 신선하다

3 시골의 인심이 <u>훈훈하다</u>. •　　　　　• ㉢ 은밀하다

4 지수는 주변의 눈치를 보더니 <u>은근하게</u> 말했다. •　　　　　• ㉣ 따뜻하다

241025-0005

5 다음 만화의 ㉠~㉢에 들어갈 알맞은 말을 <보기>에서 찾아 써 보세요.

보기

고상	낯설(다)	무안	존경	훈훈

1~3 다음 글을 읽고 물음에 답해 보세요.

한옥은 조상들의 삶의 지혜와 멋을 느낄 수 있는 우리나라의 전통 집이다. 조상들은 집을 지을 때 그 지역의 기후와 지형을 고려하여 집의 구조를 정하였다. 특히 주변의 (㉠)와/과 잘 어우러지도록 집의 모양과 방향을 정하였다. 또한, 그 지역에서 나는 흙과 돌, 나무 등의 재료를 사용하여 집을 지었다. 그리고 그 재료들은 대부분 재활용이 가능하였다.

한옥의 아름다움을 가장 먼저 느끼게 하는 것은 지붕이다. 한옥의 지붕은 처마 전체가 부드러운 곡선을 이루어 우아하고 (㉡) 느낌을 준다. 지붕의 끝으로 갈수록 서서히 위로 치켜올린 처마의 모습은 한옥의 아름다움을 한층 돋보이게 하는데, 한옥에 낯선 외국인조차 황홀한 아름다움에 푹 빠지게 만든다.

한옥의 멋을 느낄 수 있는 또 다른 특징은 창호이다. 창호는 창과 문을 말하며, 사람과 바람, 빛이 드나드는 통로이다. 창호에는 한지를 붙이는데, 강렬하게 내리쬐는 햇빛도 한지를 거치면 은근한 빛으로 바뀌고, 밖으로부터 오는 으스스한 찬 기운이나 푹푹 찌는 더운 기운도 한지를 거치면 한풀 꺾여서 견딜 만한 기운으로 바뀐다.

241025-0006

1 윗글의 내용과 일치하지 <u>않는</u> 것은 무엇인가요?

① 한옥의 재료들은 대부분 재활용이 가능하다.
② 한옥을 지을 때 그 지역의 기후도 고려하였다.
③ 한옥의 처마는 전체적으로 곡선의 형태로 되어 있다.
④ 한옥의 지붕은 끝으로 갈수록 처마가 땅을 향해 꺾여 있다.
⑤ 창호의 한지는 찬 기운이나 더운 기운을 줄여 주는 기능을 한다.

241025-0007

2 다음 〈보기〉의 설명과 초성을 참고하여 ㉠에 들어갈 말은 무엇인지 써 보세요.

보기

사람에 의해 생겨난 것이 아닌 자연적으로 생성되거나 갖추어진 지구상의 환경.

ㅈㅇㅎㄱ

241025-0008

3 윗글에서 흐름상 ㉡에 들어가기에 알맞은 낱말은 무엇인가요?

① 낯선   ② 묵직한   ③ 산뜻한
④ 흉악한   ⑤ 으스스한

💬 다음 만화를 보고, '닭 쫓던 개 지붕 쳐다본다'라는 속담의 뜻을 추측하여 말해 보세요.

✏️ '닭 쫓던 개 지붕 쳐다본다'

닭이 지붕 위로 올라가자 개가 따라 올라가지 못하고 지붕만 쳐다본다는 뜻으로, 애써 하던 일이 실패로 돌아가거나 남보다 뒤떨어져 어찌할 도리가 없이 됨을 비유적으로 이르는 말.

✏️ 띄어쓰기에 유의하며 위 속담을 원고지 칸에 써 보세요.

활동 다음 중 괄호 안에 '닭'이 들어가는 속담을 모두 찾아 □ 안에 ✔표 하세요.

☐ ㉠ (　　　) 잡아먹고 오리발 내놓기

☐ ㉡ 꿩 대신 (　　　)

☐ ㉢ 소 (　　　) 보듯, (　　　) 소 보듯 하다

☐ ㉣ 도랑 치고 (　　　) 잡는다

애틋하다

① 섭섭하고 안타까워 애가 타는 듯하다.
② 아끼고 위하는 정이 깊다.
⑩ 50년을 함께한 노부부는 **애틋하게** 서로를 바라보았다.

친절한샘 '애잔하다, 애달프다, 애끓다, 애타다'는 '애틋하다'와 뜻이 비슷한 낱말이에요. 간혹 '애뜻하다'와 헷갈리기도 하는데, 이 표현은 잘못된 표현이에요.

으스대다

보기에 좋지 않게 우쭐거리며 뽐내다.
⑩ 철수는 엄마의 칭찬에 **으스대기** 시작했다.

친절한샘 '뽐내다, 재다'는 '으스대다'와 뜻이 비슷한 낱말이에요. 어울리지 않게 우쭐거리며 뽐낼 때 흔히 '으시대다'라는 말을 쓰는데, 이 표현은 잘못된 표현이에요.

애쓰다

무엇을 이루기 위해 힘을 들이다.
⑩ 성적을 올리기 위해 **애쓴** 결과 좋은 성적을 얻었다.

친절한샘 누군가의 수고를 위로할 때 '애썼다'라고 해요. '애'는 근심에 싸인 초조한 마음속을 말해요. 비슷한말로 **'노력하다, 진력하다'**가 있어요. **'애면글면하다'**는 근심스러운 상황에서도 온갖 힘을 다해서 애쓰는 모양을 나타내는 순우리말이에요.

시큰둥하다

① 말이나 행동이 주제넘고 건방지다.
② 마음에 들지 않거나 못마땅하여 내키지 않는 듯하다.
⑩ 마음이 상해서 **시큰둥하게** 대답했다.

친절한샘 '시큰둥하다'는 못마땅하고 불만스러운 마음과 태도를 뜻해요. 비슷한 뜻을 가진 낱말로 **'시들하다, 시답잖다'**가 있어요.

시무룩하다

못마땅하여 말이 없고 얼굴에 언짢은 빛이 있다.
⑩ 나는 아이들이 돌아가자 **시무룩하게** 앉아 있었다.

친절한샘 '시무룩하다'는 **'뽀로통하다, 새무룩하다'**와 뜻이 비슷한 낱말이에요. 마음이 슬픈 날, 시무룩하게 앉아 있기보다는 적극적으로 내 마음을 표현해 보면 기분이 한결 나아질 거예요.

무례하다

없을 無 + 예의 禮

말이나 행동에 예의가 없다.
⑩ 극장에서 큰 소리로 통화하는 것은 **무례한** 행동이다.

친절한샘 '무뢰(無賴)'는 성품이 막되어 예의와 염치를 모르며 함부로 행동하는 사람을 이르는 말이고, '무례(無禮)'는 태도나 말에 예의가 없음을 뜻하는 말이에요. 비슷한말에는 **'염치없다, 방자하다'**가 있고, 반대말에는 **'정중하다'**가 있어요.

당황하다

당나라 唐 + 두려울 惶

놀라거나 매우 급하여 어떻게 해야 할지를 모르다.

예 갑자기 들이닥친 일에 겁이 나고 **당황했다**.

🖐 **친절한샘** '당황하다'는 '다급하다, 놀라다'라는 뜻을 가지고 있어요. 반대말에는 **침착하다, 태연하다**'가 있어요. 참고로 '**황당하다**'는 '거짓되다, 터무니없다'라는 의미예요.

무뚝뚝하다

말, 행동, 표정 등이 부드럽거나 상냥하지 않아 정이 느껴지지 않다.

예 아버지께서는 말이 없고 **무뚝뚝하셨다**.

🖐 **친절한샘** '무뚝뚝하다'와 비슷한 뜻의 '**데면데면하다**'는 사람을 대하는 태도가 친밀감 없이 어색한 것을 의미하는 순우리말로, 퉁명스럽고 무디게 대하는 태도를 말해요. 반대말로는 '**상냥하다**'가 있어요.

어휘 더하기

정답과 해설 3쪽

띄어쓰기를 해 보아요

1. 숫자는 만 단위로 띄어쓰기를 합니다.

> 35 ⇒ 삼십오(○) / 삼십 오(×)
> 637 ⇒ 육백삼십칠(○) / 육백 삼십칠(×)
> 97,632 ⇒ 구만 칠천육백삼십이(○)
> 　　　　　구만칠천 육백삼십이(×)

2. 단위를 나타내는 말은 앞말과 띄어 씁니다.

> 한 개(○) / 한개(×)
> 만 원(○) / 만원(×)
> 두 마리(○) / 두마리(×)
> 꽃 한 송이(○) / 꽃 한송이(×)
> 두 시 삼십 분(○) / 두시 삼십분(×)

왜 이렇게 띄어 쓸까요?

1. 우리말 수를 읽을 때 의미를 쉽게 파악하기 위해 만 단위로 띄어 쓰도록 정했습니다.
2. 단위를 나타내는 말은 하나의 단어로 인정하므로 앞말과 띄어 씁니다.

다음 중 띄어쓰기가 알맞은 것에 ○표 하세요.

> (1) 6609 (육천 육백 구 / 육천육백구)
> (2) (나무 한 그루 / 나무 한그루)

241025-0009

1 뜻이 서로 반대되는 말끼리 묶인 것을 모두 고른 것은 무엇인가요?

> ㉠ 무례 – 무뢰   ㉡ 무뚝뚝하다 – 상냥하다
>
> ㉢ 당황하다 – 태연하다   ㉣ 애쓰다 – 노력하다

① ㉠, ㉡   ② ㉠, ㉢   ③ ㉠, ㉣

④ ㉡, ㉢   ⑤ ㉢, ㉣

241025-0010

2 다음 대화의 ㉠~㉢에 들어갈 알맞은 말을 차례대로 나열한 것은 무엇인가요?

> 엄마: 왜 이렇게 (㉠)하게 앉아 있어? 무슨 일 있어?
>
> 시우: 오늘 달리기 시합을 하는데 총소리에 깜짝 놀라 (㉡)해서 넘어지고 말았어요. 그런데 옆 반 친구들이 자기들이 이겼다고 (㉢) 더 속상했어요.
>
> 엄마: 정말 속상했겠구나!

	㉠	㉡	㉢			㉠	㉡	㉢
①	태평	황당	애쓰니		②	시무룩	당황	으스대니
③	태연	당황	애쓰니		④	시무룩	황당	으스대니
⑤	시큰둥	당황	애쓰니					

241025-0011

3 다음 제시된 뜻과 예문을 참고하여 빈칸에 알맞은 낱말을 써 보세요.

1 [＿＿＿]하다: 놀라거나 매우 급하여 어떻게 해야 할지를 모르다.

 예 몰래 게임을 하고 있는데 엄마가 갑자기 방에 들어오셔서 매우 [ㄷ ㅎ]했다.

2 [＿＿＿]하다: 말, 행동, 표정 등이 부드럽거나 상냥하지 않아 정이 느껴지지 않다.

 예 친구는 내 질문에 [ㅁ ㄸ ㄸ]한 표정으로 성의 없이 짧게 대답했다.

3 [＿＿＿]하다: 아끼고 위하는 정이 깊다.

 예 버려진 강아지를 보니 [ㅇ ㅌ]한 마음이 생겼다.

241025-0012

4 **왼쪽의 밑줄 친 낱말과 비슷한 의미를 가진 낱말을 오른쪽에서 찾아 선으로 바르게 이어 보세요.**

1 전학 간 친구를 생각하면 <u>애틋하다</u>. •

2 1등을 하여 <u>으스대다</u>. •

3 숙제를 다 마치려고 <u>애쓰다</u>. •

4 새옷을 입고 싶어서 표정이 <u>시무룩하다</u>. •

• ㉠ 뽀로통하다

• ㉡ 노력하다

• ㉢ 뽐내다

• ㉣ 애잔하다

241025-0013

5 **다음 만화의 ㉠~㉢에 들어갈 알맞은 말을 〈보기〉에서 찾아 써 보세요.**

보기

진력　　고결한　　무례한　　시무룩　　애쓰(다)

1~3 다음 글을 읽고 물음에 답해 보세요.

지우는 주말에 부모님을 따라 목포에 계시는 할아버지 댁에 갔습니다. 지우는 오랜만에 뵙는 할아버지께 공손하게 인사를 한 후 집 안을 둘러보았습니다. 집 안 곳곳에는 오래된 물건들이 많이 보였습니다. 특히 지우의 눈길을 끈 것은 마루에 있는 벽시계였습니다.

"지우야, 지금 몇 시인지 알겠니?"

지우는 할아버지의 갑작스러운 질문에 (㉠   ) 잠시 머뭇거린 후,

"㉡열시오십오분, 맞죠?"라고 자신 있게 대답했습니다.

"맞았다. 우리 지우 대단하구나. 요즘 아이들은 바늘로 된 시계를 못 본다는데……."

평소엔 무뚝뚝한 표정이신 할아버지께서 밝게 웃으시며 칭찬해 주셨습니다.

"그런데 할아버지, 시계 가운데에 있는 작은 문은 뭔가요?"

"뻐꾸기 창문이야. 정시가 되면 저기 문을 열고 뻐꾸기가 나와서 시간을 알려 준단다. 한 시면 한 번만 울고, 두 시면 두 번 울지. 우리 조금만 기다려 볼까?"

시간이 조금 지났는데, 시곗바늘이 좀처럼 움직이지 않았습니다.

"저런, 시계가 멈추었나 보군. 시계에 밥 좀 줘야겠다."

지우는 할아버지의 말씀을 듣고 몹시 당황하며 물었습니다.

"시계가 밥을 먹어요?"

"시계가 잘 돌아가도록 태엽을 감아 주는 걸 밥을 준다고 하는 거란다. 거기 있는 걸 구멍에 꽂아서 돌리면 돼. 지우, 네가 해 볼래?"

지우는 할아버지께서 설명해 주신 대로 태엽을 감았습니다. 지우가 애쓴 덕분에 잠시 후 작은 문을 열고 ㉢뻐꾸기가 나와 힘찬 울음소리로 시간을 알려 주었습니다.

241025-0014

1 ㉠에 들어갈 알맞은 말은 무엇인가요?

① 애틋하여　　　　② 으스대며　　　　③ 염치없이

④ 당황하여　　　　⑤ 시큰둥하게

241025-0015

2 ㉡을 띄어쓰기 규칙에 맞게 바르게 띄어 쓴 것은 무엇인가요?

① 열시 오십오분　　　② 열 시 오십오분　　　③ 열시 오십오 분

④ 열 시 오십오 분　　　⑤ 열 시 오십 오 분

241025-0016

3 ㉢에서 뻐꾸기는 모두 몇 번 울었을지 횟수를 써 보세요.

어휘 펼치기

💬 다음 만화를 보고, '아닌 밤중에 홍두깨'라는 속담의 뜻을 추측하여 말해 보세요.

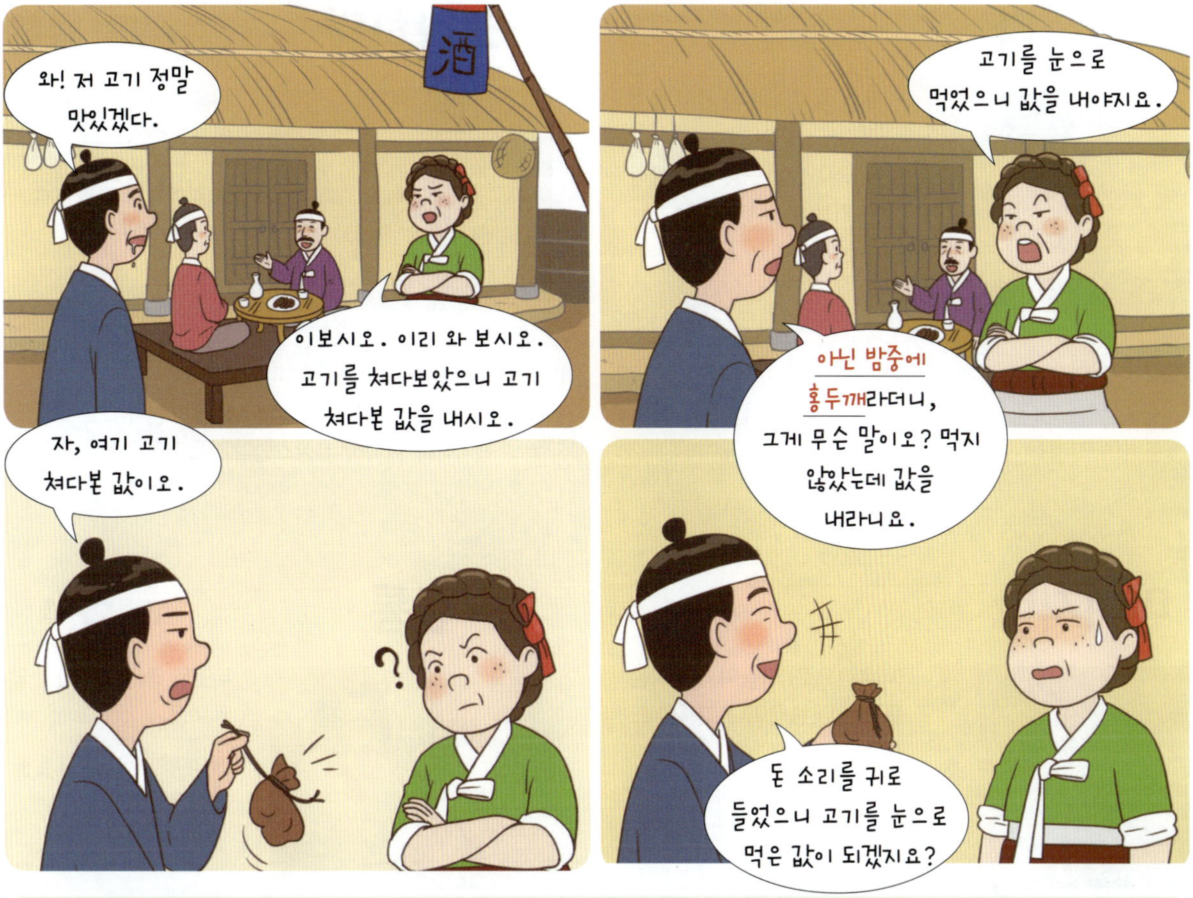

✏️ **'아닌 밤중에 홍두깨'**

예상하지 못한 일을 당해 당황스러운 상황이나 예고도 없이 뜻밖의 말이나 행동을 했을 때 하는 말.

✏️ 띄어쓰기에 유의하며 위 속담을 원고지 칸에 써 보세요.

활 동 다음 중 괄호 안에 '밤'이 들어가는 속담을 찾아 □ 안에 ✔표 하세요.

□ ㉠ 낮말은 새가 듣고 (　　　)말은 쥐가 듣는다

□ ㉡ 고생 끝에 (　　　)이 온다

□ ㉢ 고양이 목에 (　　　) 달기

□ ㉣ 고양이 (　　　) 생각해 준다

메스껍다

① 토할 것처럼 속이 몹시 울렁거리는 느낌이 있다.
② 태도나 행동 등이 못마땅하여 기분이 몹시 좋지 않다.
⑩ 뱃멀미가 나서 속이 **메스껍다**.

친절한샘 차를 타고 멀미해 본 적 있나요? 먹은 것이 되넘어 올 것 같이 속이 울렁거리는 느낌을 '메스껍다'라고 해요. '메스껍다, **매스껍다**' 둘 다 표준어로 쓰여요.

고상하다

높을 高 + 높을 尙

행동, 취미 등의 수준이 높고 품위가 있다.
⑩ 신사임당의 그림은 **고상하고** 기품이 있다.

친절한샘 '고상하다'는 '**고결하다, 우아하다, 숭고하다**'와 비슷한 뜻으로, 성품이나 행동, 품위를 나타낼 때 쓰는 표현이에요. '고상하다'의 반대말로 '**천박하다, 비속하다, 상스럽다**'가 있어요.

미어지다

(비유적으로) 가슴이 찢어지는 듯이 심한 슬픔이나 고통을 느끼다.
⑩ 할머니께서 입원하셨다는 소식을 듣고 마음이 **미어졌다**.

친절한샘 '미어지다'는 공간이 꽉 차서 터질 듯한 상황을 표현할 때 쓰이는 말이에요. 비유적으로 가슴이 터질 것처럼 고통스럽고 슬플 때에도 미어진다고 표현해요.

심통

마음 心 + 통

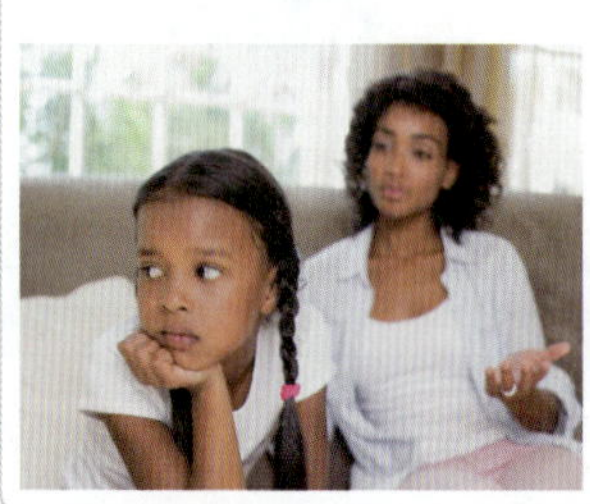

무엇을 좋게 생각하지 않는 못된 마음.
⑩ 엄마가 언니만 새 옷을 사 주셔서 **심통**이 났다.

친절한샘 '**뜨저구니**'라는 순우리말은 나쁜 마음자리라는 뜻으로 '심통'과 비슷한 뜻이에요. '**심통이 놀부 같다**'라는 말은 놀부같이 마음이 곱지 못하고 욕심이 많음을 이르는 말이에요.

친밀하다

친할 親 + 빽빽할 密

사이가 매우 친하고 가깝다.
⑩ 친구와 함께 어려움을 겪고 나니 더 **친밀하게** 느껴졌다.

친절한샘 '**수어지교(水魚之交)**'는 물과 물고기의 관계라는 뜻으로 아주 친밀하여 떨어질 수 없는 사이를 말해요. '친밀하다'는 '**밀접하다, 허물없다, 가깝다**'와 비슷한 의미예요. 반대말로는 '**멀다, 소원하다**'가 있어요.

거만하다

거만할 倨 + 게으를 慢

잘난 체하며 자기보다 남을 낮추어 보다.
⑩ 동생이 학급 회장이 되더니 왕처럼 **거만해졌다**.

친절한샘 '부모를 공경하는 사람은 남에게 거만하지 않는다.'라는 말이 있어요. 부모를 공경할 줄 아는 사람은 그 밖의 다른 사람에게도 겸손하게 대한다는 말이에요.

흉악하다

흉할 凶 + 악할 惡

① 성질이 악하고 사납다.
② 모습이 보기에 기분이 나쁠 만큼 흉하고 거칠다.
예 영화 속 악당의 얼굴이 **흉악하게** 생겼다.

친절한샘 '흉악하다'는 '흉괴하다'와 비슷한 뜻으로 쓰이기도 해요. 이 말은 성질과 모습이 악하고 모질다는 뜻이에요. '**험상궂다, 흉하다, 악독하다**'가 비슷한말이에요. 반대말에는 '**착하다, 선하다**'가 있어요.

정의롭다

바를 正 + 옳을 義

진리에 맞는 올바른 도리에서 벗어남이 없다.
예 아버지께서는 나를 **정의롭게** 살도록 가르치셨다.

친절한샘 '정의롭다'와 반대로 '사람의 도리나 정의 등에 어긋나 옳지 않다.'를 뜻하는 말은 '**불의하다**'예요. 불의를 보면 참지 못하고 정의를 실천하는 모습, 그것이 곧 여러분의 모습이겠죠?

어휘 더하기

정답과 해설 4쪽

'공(恭)'이 들어간 한자어

- 공손 (恭遜) — 말이나 행동이 겸손하고 예의 바름.
- 공경 (恭敬) — 공손히 받들어 모심.
- 공손하다 공(恭)
- 공대 (恭待) — 공손하게 잘 대접함.

'공(恭)' 자는 '공손하다'나 '받들다'라는 뜻을 가진 글자예요. '공(恭)' 자는 '두 손을 마주 잡다.'의 뜻을 가진 '共(공)' 자와 '心' 자가 결합한 모습으로 이루어져 있어요. '공손한 마음가짐'의 뜻이랍니다.

다음 문장에서 알맞은 낱말을 골라 ○표 하세요.

(1) 웃어른께 인사할 때에는 (공손 / 무례)하게 해야 합니다.
(2) 부모를 (공경 / 곤경)하는 것은 자식의 마땅한 도리입니다.

241025-0017

1 뜻이 서로 반대되는 말끼리 묶인 것을 모두 고른 것은 무엇인가요?

㉠ 흉악하다 – 선하다   ㉡ 고상하다 – 천박하다
㉢ 메스껍다 – 느글거리다   ㉣ 거만하다 – 겸손하다

① ㉠, ㉣   ② ㉢, ㉣   ③ ㉠, ㉡, ㉣
④ ㉠, ㉢, ㉣   ⑤ ㉡, ㉢, ㉣

241025-0018

2 다음 대화의 ㉠~㉢에 들어갈 알맞은 말을 차례대로 나열한 것은 무엇인가요?

시윤: 『흥부와 놀부』라는 책 읽어 봤니?
은한: 흥부가 놀부에게 밥을 구걸하다가 밥주걱으로 뺨 맞았을 때 가슴이 (　㉠　) 것 같았어.
종하: (　㉡　)한 놀부가 제비의 다리를 부러뜨리더니, 결국 천벌을 받게 되었어.
규민: 나도 동생에게 (　㉢　) 부릴 때가 많았는데, 이제부터 잘해 줘야겠어.

	㉠	㉡	㉢
①	미어지는	친밀	심통
②	고상한	흉악	심술
③	미어지는	친밀	정의
④	고상한	흉악	정의
⑤	미어지는	흉악	심통

241025-0019

3 말하는 사람의 태도나 상황을 나타내는 말을 오른쪽에서 찾아 선으로 바르게 이어 보세요.

1 전학 가서 친구들의 얼굴을 못 볼 것을 생각하니 마음이 아프다.   · · ㉠ 정의롭다

2 악당이 힘없는 사람들을 괴롭히면 내가 가만두지 않을 거야.   · · ㉡ 거만하다

3 이런 문제 하나 제대로 못 푸니? 나는 벌써 다 풀었는데.   · · ㉢ 미어지다

241025-0020

4 왼쪽의 밑줄 친 낱말과 비슷한 의미를 가진 낱말을 오른쪽에서 찾아 선으로 바르게 이어 보세요.

1 차를 오래 탔더니 멀미로 속이 <u>메스껍다</u>.   •

2 언니의 새 옷을 보자 막내가 <u>심통</u>을 부렸다.   •

3 두 사람의 사이가 <u>친밀하다</u>.   •

4 범인의 얼굴이 <u>흉악하다</u>.   •

  • ㉠ 험상궂다

  • ㉡ 울렁거리다

  • ㉢ 뜨저구니

  • ㉣ 밀접하다

241025-0021

5 다음 만화의 ㉠~㉢에 들어갈 알맞은 말을 <보기>에서 찾아 써 보세요.

보기

거만   정의   흉악   심통   미어지다

1~3 다음 글을 읽고 물음에 답해 보세요.

아동 유괴와 같은 흉악한 범죄는, 부모님의 마음을 (㉠   ) 한다. 아동 유괴를 예방하기 위해 다음 몇 가지를 명심하도록 하자.

첫째, 학교에 오갈 때에는 부모님과 함께 약속한 길로만 다니고 친구들과 함께 다녀야 한다. 부모님이나 선생님께서는 아이들이 안전하게 다닐 수 있는 길을 알려 주시기 때문에 그 길로 통학하는 것이 좋다. 또한 혼자 다니는 것보다 친구들과 어울려 다니는 것이 더 안전하다.

둘째, 낯선 사람이 도움을 요청하면 부모님께 꼭 허락을 받아야 한다. 낯선 사람에게 예의 바르게 행동하는 것도 중요하지만, 자기의 안전을 지키는 것이 먼저이다. 좋은 사람과 나쁜 사람을 외모만 보고 판단할 수 없다는 것을 알아야 한다. 모든 유괴범이 흉악한 얼굴을 하고 있는 것은 아니기 때문이다.

셋째, 부모님의 연락처를 외우되, 다른 사람에게 개인 정보를 함부로 말하지 않아야 한다. 위험한 상황에 처했을 때를 대비하여 집 주소와 부모님의 연락처를 알아 둘 필요가 있다. 하지만 낯선 사람에게 자기의 이름과 주소, 전화번호, 부모님의 연락처 등 개인 정보를 절대로 알려 주지 말아야 한다.

㉡위의 방법들을 명심하여 스스로 자신을 보호할 수 있도록 하자.

241025-0022

1 ㉠에 들어갈 알맞은 말은 무엇인가요?

① 거만하게 ② 고상하게 ③ 메스껍게
④ 미어지게 ⑤ 심통이 나게

241025-0023

2 ㉡의 내용으로 알맞지 <u>않은</u> 것은 무엇인가요?

① 낯선 사람이 도와달라고 하면 친절하게 도와준다.
② 학교에 오갈 때는 부모님이 가르쳐 주신 길로 다닌다.
③ 위험한 상황을 대비하여 부모님의 연락처를 외워 둔다.
④ 낯선 사람에게 자기의 이름과 주소를 알려 주지 않는다.
⑤ 학교에 오갈 때는 혼자 다니는 것보다 친구들과 어울려 다닌다.

241025-0024

3 다음은 윗글을 읽은 학생의 반응입니다. 빈칸에 들어갈 말을, 주어진 초성과 뜻을 참고하여 적어 보세요.

> 아동을 상대로 한 흉악한 범죄를 저지르는 사람들이 없어져야 해.
> 그래야 ㅈ ㅇ ㄹ 고 안전한 사회가 될 수 있어.
> 진리에 맞는 올바른 도리에 벗어남이 없다.

💬 다음 만화를 보고, '백지장도 맞들면 낫다'라는 속담의 뜻을 추측하여 말해 보세요.

✏️ **'백지장도 맞들면 낫다'**

아무리 쉬운 일이라도 힘을 모으면 더 쉽게 할 수 있다는 뜻이에요.

✏️ 띄어쓰기에 유의하며 위 속담을 원고지 칸에 써 보세요.

비슷한 의미의 한자 성어로는 '십시일반(十匙一飯)'이 있어요. '밥 열 술이 한 그릇이 된다.'라는 뜻으로, 여러 사람이 조금씩 힘을 합하면 한 사람을 돕기 쉬움을 이르는 말이랍니다.

활동 다음 중 '백지장도 맞들면 낫다'와 뜻이 비슷한 속담을 모두 찾아 ☐ 안에 ✔표 하세요.

☐ ㉠ 종이도 네 귀를 들어야 바르다

☐ ㉡ 뿌린 대로 거둔다

☐ ㉢ 세 살 적 버릇 여든까지 간다

☐ ㉣ 동냥자루도 마주 벌려야 들어간다

가치

값 價 + 값 値

① 값이나 귀중한 정도.
② 의미나 중요성.

예 봉사를 통해 사랑과 배려의 **가치**를 느꼈다.

친절한 샘 '가치'는 사물이 지니고 있는 쓸모를 말하지만 신념이나 가치관의 의미나 중요성을 뜻하는 데도 쓰여요. 비슷한말로는 '**값, 유용성, 중요성, 의의**' 등이 있어요.

본받다

근본 本 + 받다

보고 배워서 본을 받을 만한 대상을 그대로 따라 하다.

예 이순신 장군의 용기와 지혜를 **본받고** 싶다.

친절한 샘 여러분은 본받고 싶은 위인이나 사람이 있나요? 그 사람의 말이나 행동뿐 아니라 가치관과 뛰어난 정신까지도 본받을 수 있다면 정말 좋겠죠? '본받다'와 비슷한말에는 '**모방하다, 따르다**'가 있어요.

꿋꿋하다

① 휘거나 부러지지 않고 단단하다.
② 어려움에 굴하지 않고 마음이나 뜻, 태도가 굳세고 곧다.

예 희람이는 언제나 **꿋꿋하다**.

친절한 샘 물건뿐 아니라 사람의 기개, 의지, 태도나 마음가짐이 매우 굳센 것을 '꿋꿋하다'라고 해요. '꿋꿋하다'의 작은말인 '꼿꼿하다'는 '사람의 자세나 서 있는 사물이 굽지 않고 곧다.'라는 뜻으로도 쓰여요.

되새기다

① 지난 일을 다시 떠올려 곰곰이 생각하다.
② 소나 염소 등의 동물이 한 번 삼킨 먹이를 다시 내어서 씹다.

예 삼일절을 맞아 유관순 열사의 애국정신을 **되새겨** 보았다.

친절한 샘 소나 양이 삼킨 음식물을 다시 입으로 내어서 씹는 것을 '**되새김질**'이라고 하죠. 이처럼 생각을 다시 떠올려 골똘히 생각하는 것을 '되새기다'라고 표현해요.

명심하다

새길 銘 + 마음 心

잊지 않도록 마음속에 깊이 기억하다.

예 책을 꼼꼼히 읽으라는 어머니의 말씀을 **명심할**게요.

친절한 샘 '옛말 그른 데 없다'라는 속담은 예로부터 전하여 오는 말은 잘못된 것이 없으니 명심해야 한다는 말이에요. 이처럼 잊지 않도록 마음에 깊이 새겨 둔다는 말인 '명심하다'와 의미가 비슷한 말로는 '**새기다, 유념하다**'가 있어요.

절제하다

마디 節 + 억제할 制

정도에 넘지 않도록 알맞게 조절하여 제한하다.

예 컴퓨터 사용을 적절히 **절제해야** 한다.

친절한 샘 아무리 좋아하는 것이라도 적절히 조절하지 못하면 탈이 나게 마련이지요. '절제하다'의 반대말에는 '**무절제하다**'가 있어요.

해박하다

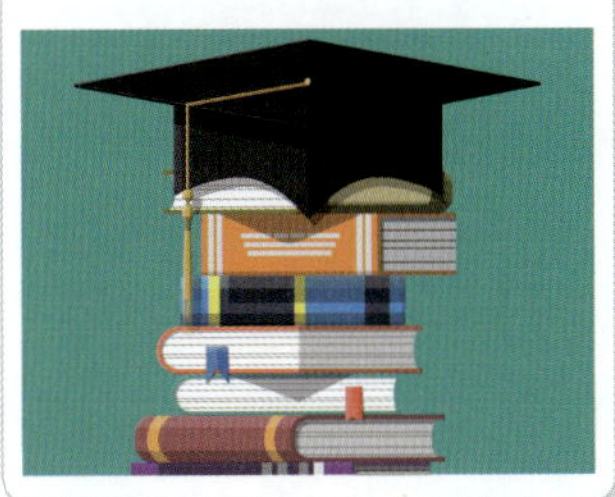

갖출 該 + 넓을 博

여러 방면으로 학식이 넓고 아는 것이 많다.

㉔ 종하는 역사에 관한 지식이 **해박하다.**

💡**친절한샘** '해박하다'와 같이 '아는 것이 매우 많다.'를 뜻하는 말로 '**박식하다**'가 있어요. 무엇이든 묻는 대로 척척 대답할 만큼 아는 것이 많은 사람을 '**척척박사**'라고 해요.

헤아리다

① 수량을 세다.
② 어느 수 정도에 이르다.
③ 다른 것에 비추어 생각하거나 짐작하여 살피다.

㉔ 그 소문이 사실인지 **헤아리기** 어려웠다.

💡**친절한샘** '**앞뒤를 헤아리다**'라는 말은 자신에게 올 이로움과 해로움을 신중하게 따지고 계산한다는 의미예요. 비슷한 의미의 말로는 '**생각하다, 재다, 추측하다**' 등이 있어요.

어휘 더하기

정답과 해설 6쪽

헷갈리는 말

'어떻게'와 '어떡해' 어떤 것이 맞는 말?

어떻게	어떡해

'어떻게'는 '어떠하다'가 줄어든 말에 '-게'가 붙여진 말이에요.

㉔ <u>어떻게</u> 된 거니? / 요즈음 <u>어떻게</u> 지내?

'어떡해'는 '어떠하게 해'가 줄어든 말이에요.

㉔ 나 <u>어떡해</u>. / 오늘도 안 오면 <u>어떡해</u>.

다음 문장에서 알맞은 낱말을 골라 ○표 하세요.

(1) 늦게 일어나서 지각할 것 같아. 나 (어떡하지 / 어떻하지)?
(2) 엄마는 동생이 울자 (어떻게 / 어떡해) 된 일인지 물어보셨다.

241025-0025

1 뜻이 서로 비슷한 말끼리 묶인 것을 모두 고른 것은 무엇인가요?

> ㉠ 헤아리다 – 생각하다 ㉡ 해박하다 – 되새기다
> ㉢ 본받다 – 따르다 ㉣ 명심하다 – 절제하다

① ㉠, ㉡ ② ㉠, ㉢ ③ ㉠, ㉣
④ ㉡, ㉢ ⑤ ㉢, ㉣

241025-0026

2 다음 글의 ㉠~㉢에 들어갈 알맞은 말을 차례대로 나열한 것은 무엇인가요?

> • 다른 사람을 돕는 일은 매우 (㉠) 있는 일이다.
> • 다이어트에 성공하기 위해서 저녁에 야식 먹는 것을 (㉡).
> • 그 사람은 여러 방면에 관한 지식이 매우 (㉢).

	㉠	㉡	㉢
①	모방	절제하다	꿋꿋하다
②	모방	되새기다	본받다
③	가치	되새기다	해박하다
④	가치	본받다	되새기다
⑤	가치	절제하다	해박하다

241025-0027

3 가로와 세로 열쇠를 참고하여 낱말 퍼즐의 빈칸을 채워 보세요.

[가로 열쇠]
① 정도에 넘지 않도록 알맞게 조절하여 제한함.
② 휘거나 부러지지 않고 단단하다. 또는 어려움에도 굴하지 않고 마음이나 뜻, 태도가 굳세고 곧다.

[세로 열쇠]
㉮ 서로 교제를 끊음.
㉯ '유념하다'와 비슷한말. 잊거나 소홀히 하지 않도록 마음속에 깊이 간직하여 생각하다.

241025-0028

4 왼쪽의 뜻을 가진 낱말을 오른쪽에서 찾아 선으로 바르게 이어 보세요.

1 다른 것에 비추어 생각하거나 짐작하여 살피다. •   • ㉠ 본받다

2 본을 받을 만한 대상을 그대로 따라 하다. •   • ㉡ 헤아리다

3 지난 일을 다시 떠올려 곰곰이 생각하다. •   • ㉢ 해박하다

4 여러 방면에서 학식이 넓고 아는 것이 많다. •   • ㉣ 되새기다

241025-0029

5 다음 만화의 ㉠~㉢에 들어갈 말을 〈보기〉에서 찾아 써 보세요.

보기

가치   명심   모방   절제   해박

1~3 다음 글을 읽고 물음에 답해 보세요.

사랑하는 손자 정우에게

정우야, 잘 지내니? 요즘은 날이 많이 풀려 여기저기 파릇파릇한 새싹들이 돋아나고 있더구나. 곧 새 학기가 시작되지? 오늘은 우리 정우가 (㉠) 좋겠다고 생각하는 조선 시대의 왕들이 남긴 명언을 몇 가지 소개하고 싶어서 이렇게 편지를 쓰고 있단다.

세종 대왕은 어려서부터 독서와 공부를 좋아했단다. 한번 잡은 책은 닳아 없어질 때까지 읽을 정도로 독서광이었다고 해. 세종 대왕이 남긴 명언을 소개하마. "고기는 씹을수록 맛이 난다. 그리고 책도 읽을수록 맛이 난다. 다시 읽으면서 처음에 지나쳤던 것을 발견하고 새롭게 생각하는 것이다. 말하자면 백 번 읽고 백 번 익히는 셈이다."

정조도 역시 대단한 독서광이었단다. 책을 완벽하게 암기할 때까지 읽는 습관이 있었다고 하지. 정조는 이런 명언을 남겼다고 해. "열흘에 한 권씩 좋은 책을 읽으면, 자신이 성장하고 나라도 부강해진다." 그리고 또 이런 명언도 남겼단다. "모든 일에 있어서 시간이 부족하지 않을까를 걱정하지 말고, 다만 내가 마음을 바쳐 최선을 다할 수 있을지를 걱정하라."

위인들이 남긴 명언들을 날마다 되새겨서 마음속 깊이 (㉡) 좋겠구나. 가치 있는 정우의 삶을 이루어 나가는 데 도움이 되기를 바라는 할머니의 마음을 잘 헤아려 주길 바란다. 건강하게 잘 지내렴.

할머니로부터

241025-0030

1 할머니께서 정우에게 윗글을 쓴 목적은 무엇인가요?

① 정우를 보고 싶은 마음을 전달하기 위해
② 정우에게 독서 습관을 갖도록 권하기 위해
③ 정우에게 역사 공부의 중요성을 강조하기 위해
④ 정우가 자연의 아름다움을 깨닫도록 하기 위해
⑤ 정우가 늘 건강하게 지내길 바라는 마음을 전하기 위해

241025-0031

2 ㉠과 ㉡에 들어갈 말을 알맞게 짝 지은 것은 무엇인가요?

	㉠	㉡		㉠	㉡		㉠	㉡
①	절제하면	본받으면	②	꿋꿋하면	명심하면	③	헤아리면	절제하면
④	본받으면	절제하면	⑤	본받으면	명심하면			

241025-0032

3 주어진 초성과 뜻을 참고하여, 빈칸에 들어갈 알맞은 말을 써 보세요.

다양한 분야의 책을 많이 읽으면 [ㅎ ㅂ]한 지식을 쌓을 수 있다.

여러 방면으로 학식이 넓고 아는 것이 많음.

다음 만화를 보고, '굴러온 돌이 박힌 돌 뺀다'라는 속담의 뜻을 추측하여 말해 보세요.

✏️ **'굴러온 돌이 박힌 돌 뺀다'**

밖에서 들어온 지 얼마 안 된 사람이 원래 있던 사람을 내쫓거나 해치려 한다는 뜻이에요.

✏️ **'주객전도(主客顚倒)'**

위 속담과 비슷한 의미로, '주객전도'는 주인과 손님의 역할이 바뀌었다는 뜻이에요.

✏️ 띄어쓰기에 유의하며 위 속담을 원고지 칸에 써 보세요.

활동 다음 중 '굴러온 돌이 박힌 돌 뺀다'와 뜻이 비슷한 한자 성어를 모두 찾아 ☐ 안에 ✔표 하세요.

☐ ㉠ 주객전도　　　　☐ ㉡ 일석이조

☐ ㉢ 본말전도　　　　☐ ㉣ 다다익선

05강 얼굴로 말해요

갸우뚱하다

물체가 한쪽으로 약간 기울어지다. 또는 그렇게 하다.

예 친구의 설명을 이해하지 못해 나는 고개를 **갸우뚱했어요**.

친절한샘 고개를 갸우뚱하는 것은 무언가 이해하기 어렵거나 의문이 든다는 뜻을 나타내는 행동이에요. 비슷한말로는 '**갸웃하다, 기우뚱하다**'가 있어요.

두리번거리다

눈을 크게 뜨고 자꾸 여기저기를 살펴보다.

예 강아지들이 무엇을 찾는지 연신 **두리번거리고** 있었죠.

친절한샘 잃어버린 물건이나 사람을 찾을 때 우리는 주위를 두리번거려요. '두리번거리다'는 '**두리번대다**', 혹은 '**두리번두리번하다**'라고도 쓸 수 있어요.

쏘아보다

날카롭게 노려보다.

예 동물원에 갔다가 호랑이가 나를 **쏘아보는** 눈빛에 무척 놀랐어요.

친절한샘 '쏘아보다'는 '쏘다'와 '보다'라는 말을 합쳐서 만든 말이에요. 쏘는 화살처럼 눈빛을 보내니까, 그 눈빛이 얼마나 날카롭겠어요? '**노려보다**'도 '쏘아보다'와 비슷한 뜻을 가진 말로, '나쁜 감정을 갖고 누군가를 날카롭고 무섭게 보다.'라는 뜻으로 쓰여요.

힐끔거리다

눈을 옆으로 돌려 자꾸 슬쩍슬쩍 쳐다보다.

예 소년은 **힐끔거리며** 소녀를 쳐다보았다.

친절한샘 누군가를 좋아하는 마음이 생긴 적 있나요? 좋아하는 마음이 생기면 부끄러운 마음에 자꾸 슬쩍슬쩍 쳐다보게 되죠. '힐끔거리다'는 '**힐끔대다**', 혹은 '**힐끔힐끔하다**'라고도 쓸 수 있어요.

앙다물다

힘을 주어 꽉 다물다.

예 건영이는 무언가 결심했다는 듯이 입을 **앙다물었다**.

친절한샘 '앙다물다'는 잔뜩 힘이 들어가 있는 모양을 나타내요. 굳은 결심을 했을 때, 혹은 꾹 참을 때 입을 앙다물게 되죠. '**옹다물다**'도 비슷한 의미의 낱말이에요.

삐죽이다

무엇을 비웃거나 기분이 나쁘거나 울음이 나오려고 해서 소리 없이 입을 내밀고 실룩이다.

예 엄마에게 혼이 난 나윤이는 입을 **삐죽이고** 있었다.

친절한샘 화가 나면 나도 모르게 입을 쑥 내밀고 비뚤어지게 만들게 돼요. 입을 삐죽이는 친구가 있다면 마음이 풀리도록 도와주세요. '**비죽이다**'는 '삐죽이다'보다 여린 느낌을 주는 말이에요.

벌름거리다

탄력 있는 물체가 자꾸 부드럽고 크게 벌어졌다 오므라졌다 하다. 또는 그렇게 되게 하다.

예 피자 냄새가 나는 곳을 향해 아이는 코를 **벌름거리기** 시작하였다.

친절한 샘 맛있는 음식의 냄새가 나면 콧구멍이 벌름거리고요. 정말 좋아하는 연예인을 볼 때에는? 심장이 벌름거리죠. '벌름거리다'와 비슷한말로는 '**벌름대다, 벌름벌름하다**'가 있어요.

글썽이다

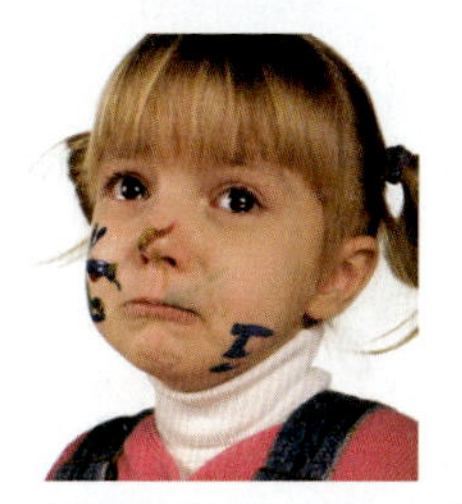

눈에 눈물이 곧 흘러내릴 것처럼 가득 고이다.

예 준우가 전학 간다는 말에 친구들이 눈물을 **글썽였어요.**

친절한 샘 눈물이 주르륵 흐르지는 않지만 금방이라도 눈물이 흐를 것 같이 가득 찰 때, 눈물이 글썽인다고 해요. 비슷한말로 '**글썽대다, 글썽거리다**'가 있어요.

➕ 잠깐

이번에 배운 단어 중에 '-거리다'와 '-대다'가 들어간 말이 많죠? '**-거리다**'와 '**-대다**'에는 잇따라 계속된다는 뜻이 담겨 있어요.

어휘 더하기

정답과 해설 7쪽

띄어쓰기에 따라 의미가 달라지는 말

잘생기다

잘 생기다

산만하다

산만 하다

잘못하다

잘 못하다

우리말에는 띄어쓰기 하나로 뜻이 완전히 달라지는 말들이 있답니다.

'잘생기다'는 '사람의 얼굴 생김새가 훌륭하다.'라는 뜻의 낱말이에요. 그런데 '잘 생기다'라고 띄어 쓰면, '없던 것이 자주 새로 나타나다.'라는 뜻이 됩니다.

'산만하다'는 '분위기나 태도가 어수선하거나 정리가 안 되어 질서가 없다.'라는 뜻의 낱말이에요. 그런데 '산만 하다'라고 띄어 쓰니까, '크기가 산처럼 크다.'라는 뜻이 되었어요.

'잘못하다'는 '틀리거나 바르지 않게 하다.'라는 뜻의 낱말이에요. 그런데 '잘 못하다'라고 띄어 쓰면, '능력이 부족하거나 없다.'라는 뜻이 됩니다.

다음 문장에서 알맞은 낱말을 골라 ○표 하세요.

(1) 오늘은 좋은 일이 (잘생겨 / 잘 생겨)!
(2) 교실이 더러우니 정신이 (산만해 / 산만 해).
(3) (잘못하던 / 잘 못하던) 노래를 잘하게 되었어.

241025-0033

1 다음 낱말의 뜻으로 알맞은 것을 골라 보세요.

1 힐끔거리다

① 날카롭게 노려보다.

② 눈을 옆으로 돌려 자꾸 슬쩍슬쩍 쳐다보다.

2 삐죽이다

① 탄력 있는 물체가 자꾸 부드럽고 크게 벌어졌다 오므라졌다 하다. 또는 그렇게 되게 하다.

② 무엇을 비웃거나 기분이 나쁘거나 울음이 나오려고 해서 소리 없이 입을 내밀고 실룩이다.

241025-0034

2 주어진 힌트와 관련 있는 낱말을 〈보기〉에서 골라 쓰세요.

보기

| 쏘아보다 | 앙다물다 | 갸우뚱하다 | 벌름거리다 |

첫 번째 힌트	두 번째 힌트	정답은?
1 코	심장	
2 눈	화	
3 입술	결심	
4 고개	궁금하다	

241025-0035

3 제시된 초성을 참고하여 빈칸에 알맞은 말을 쓰세요.

1 하연이는 주인공이 힘든 일을 겪고 슬퍼하는 장면에서 눈물을 ㄱㅆ 였어요.

2 희주는 엄마가 보이지 않자 주위를 ㄷㄹㅂ 거리며 엄마를 찾기 시작했어요.

241025-0036

4 밑줄 친 부분의 띄어쓰기가 맞으면 ○표, 틀리면 ×표를 고르세요.

1 최근에 전학 온 우리 반 친구는 <u>잘 생겼어</u>. (○ , ×)

2 식사 전에 과자를 많이 먹은 아이들의 배가 벌써 <u>산만 했어</u>. (○ , ×)

3 축구를 <u>잘 못해서</u> 자신이 없어도 즐겁게 하는 게 중요해. (○ , ×)

241025-0037

5 다음 만화의 ㉠~㉢에 들어갈 말을 〈보기〉에서 찾아 써 보세요.

보기

| 글썽이고 | 삐죽이고 | 쏘아보면서 | 앙다물면서 | 갸우뚱거리고 |

1~3 다음 글을 읽고 물음에 답해 보세요.

내 친구 준수를 소개합니다.

준수는 어렸을 때부터 나와 같은 동네에서 자랐습니다. 어린이집과 유치원을 함께 다녔고, 지금은 같은 학교에 다니고 있으니, 둘도 없이 가까운 친구라고 할 수 있습니다. 그래서 우리는 표정만 봐도 서로의 마음을 알 정도가 되었습니다.

준수가 입을 삐죽이며 누군가를 쏘아보는 듯한 표정을 지을 때는 기분이 좋지 않다는 뜻이고, 입을 앙다무는 표정을 할 때는 무엇인가를 결심했다는 뜻이죠. 가끔 주위를 두리번거릴 때가 있는데, 이것은 도움이 필요하다는 뜻입니다.

어떤 친구들은 준수가 (㉠)하다며 멀리하려 하는데, 호기심이 많아서 그런 것이니 친하게 지냈으면 좋겠습니다. 한번은 준수가 친구들을 재미있게 해 주려고 강아지 흉내를 내느라 코를 벌름거리며 여기저기 냄새를 맡는 시늉을 하고 있었는데 친구들은 이런 준수의 마음도 몰라주고 오히려 놀리기 시작하였습니다. 눈물을 글썽이며 구석 자리에 우두커니 앉아 있는 준수를 발견한 나는 ㉡준수가 했던 행동을 그대로 따라 했습니다. 준수는 언제 눈물을 글썽였냐는 듯이 다시 환하게 웃으며 나랑 재밌게 놀기 시작하였습니다.

저는 착하고 활달한 준수와 앞으로도 오랫동안 좋은 친구가 되고 싶습니다.

241025-0038

1 윗글을 이해한 내용으로 알맞지 <u>않은</u> 것은 무엇인가요?

① 준수는 호기심이 많고 활달한 성격을 지닌 아이다.
② 나는 준수의 표정만 보고도 준수의 마음을 짐작할 수 있다.
③ 준수는 기분이 좋지 않을 때 입을 앙다무는 표정을 짓는다.
④ 준수는 도움이 필요할 때 주위를 두리번거리는 습관이 있다.
⑤ 나와 준수는 어린이집과 유치원에 이어 초등학교까지 같은 곳을 다니고 있다.

241025-0039

2 다음 초성과 낱말의 뜻을 참고하여 ㉠에 들어갈 알맞은 말을 써 보세요.

ㅅ ㅁ 하다: 어수선하여 질서나 통일성이 없다.

241025-0040

3 ㉡이 가리키는 구체적인 행동이 무엇인지 윗글에서 찾아 써 보세요.

💬 밑줄 친 말에 대한 설명으로 알맞은 것을 찾아 선으로 바르게 이어 보세요.

1 서영이가 혀를 차며 말했어.

㉠ 몹시 놀라거나 어이없어서 말을 못 하다.

2 은재는 혀를 내두르고 말았어.

㉡ 어떤 것에 대해 몇 번이고 계속해서 말하다.

3 희서가 혀가 닳게 말했어.

㉢ 마음이 언짢거나 유감의 뜻을 나타내다.

우리말에는 혀와 관련된 다양한 표현들이 있답니다.
'혀를 차다'는 '쯧쯧' 하고 소리를 내는 동작을 말하는데, 무언가 불만스러운 일이 있을 때 사용하는 표현입니다. '혀를 내두르다'는 놀란 나머지 말을 못하는 것을 말합니다. 한편, '혀가 닳다'는 혀가 닳을 정도로 여러 번 많이 이야기를 했을 때 사용하는 표현입니다.

활동 '혀'와 관련된 표현 중에서 빈칸에 가장 알맞은 말을 찾아 원고지 칸에 써 보세요.

춤을 잘 춘다고 소문난 채원이도 나윤이가 멋지게 춤을 추는 모습을 보고는 몹시 놀라 (혀를 찼어요, 혀를 내둘렀어요, 혀가 닳았어요).

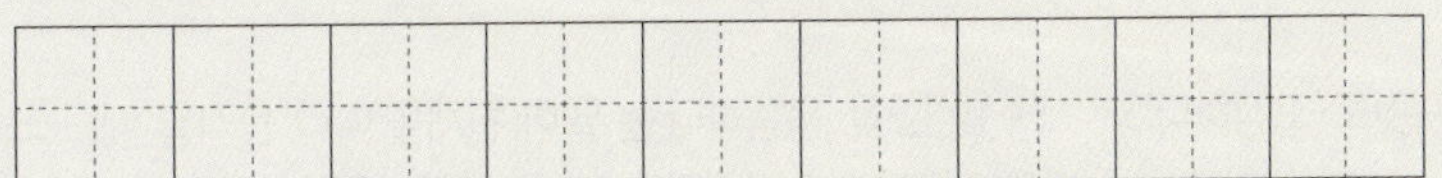

발견하다

드러낼 發 + 볼 見

아직 찾아내지 못했거나 세상에 알려지지 않은 것을 처음으로 찾아내다.

예 하준이가 숲에서 무당벌레를 **발견했다.**

친절한 샘 소풍을 가서 보물찾기 시간에 보물을 발견해 보았나요? '발견하다'는 '**찾아내다, 알아내다**'와 의미가 비슷한 낱말이에요.

발명하다

드러낼 發 + 밝을 明

지금까지 없던 새로운 기술이나 물건을 처음으로 생각하여 만들어 내다.

예 다인이는 타임머신을 **발명하겠다는** 생각을 했어요.

친절한 샘 '발견하다'가 원래 존재하던 것을 찾아내는 행위라면, '발명하다'는 없던 것을 처음 만들어 내는 행위를 뜻해요. '**개발하다**'도 비슷한 뜻으로 쓸 수 있어요.

분리하다

나눌 分 + 떼어 놓을 離

서로 나뉘어 떨어지게 하다.

예 쓰레기는 종류에 따라 **분리해서** 버려요.

친절한 샘 어릴 적 장난감 중 분리했다가 합체할 수 있는 것이 있었나요? '분리하다'와 반대로 '**합체하다**'는 둘 이상의 것을 합쳐서 하나로 만드는 행위를 뜻해요.

분해하다

나눌 分 + 풀 解

여러 부분으로 이루어진 것을 그 부분이나 성분으로 따로따로 나누다.

예 시계를 **분해했는데** 태엽을 하나 잃어버렸어.

친절한 샘 여러 가지 부품을 조립해서 만든 장난감을 분해하는 것도 재미있는 놀이죠. '**해체하다**'도 '분해하다'와 같은 뜻으로 쓸 수 있어요.

고정하다

굳을 固 + 정할 定

① 한번 정한 내용을 변경하지 않다.
② 한곳에서 움직이지 않게 하다.

예 배를 단단히 **고정했어요.**

친절한 샘 사물뿐만 아니라 계획 등을 변경하지 않는 것도 '고정하다'를 쓸 수 있어요.

운행하다

운전할 運 + 다닐 行

정해진 길을 따라 자동차나 열차 등이 다니다.

예 우리 학교 셔틀버스는 오전 8시부터 **운행해.**

친절한 샘 '운행하다'는 달이 천체를 따라 움직일 때도 쓰는 표현이에요. 한편, 배나 비행기가 다니는 것은 '**운항하다**'라고 해요.

수집하다

거둘 收 + 모을 集

흩어져 있던 것을 거두어 모으다.

예 **수집한** 병을 분리수거 통에 잘 넣도록 해요.

🌱 친절한 샘 '수집하다'는 '동전을 수집하다.'와 같이 '취미나 연구를 위하여 물건이나 자료 등을 찾아서 모으다.'라는 뜻으로 쓰이기도 해요. '수집하다'의 비슷한말인 **채집하다**는 '널리 찾아서 얻거나 캐거나 잡아 모으다.'라는 뜻을 가진 말이에요. 특히 자연 상태의 동식물이나 광석을 모을 때 쓸 수 있어요.

매립하다

묻을 埋 + 설 立

낮은 지대의 땅이나 저수지, 바다 등을 돌이나 흙 등으로 메우다.

예 인간은 흙으로 바다를 **매립하여** 땅을 만들 수 있다.

🌱 친절한 샘 바다나 호수의 물을 빼내고 매립하여 만든 땅을 '간척지'라고 해요. 땅을 넓힐 수는 있지만, 자연환경이 파괴되므로 간척지를 만드는 일을 반대하는 사람도 많지요. '매립하다'는 '쓰레기나 폐기물을 모아서 묻다.'라는 뜻도 있어요. 아무래도 쓰레기를 매립한 땅에서는 심한 악취가 발생하므로 쓰레기 매립지를 정하기 어렵다고 해요.

어휘 **더하기**

정답과 해설 8쪽

모음 하나로 달라지는 말

우리말에는 모음 하나만 바뀌면 뜻이 완전히 달라지는 말들이 있답니다. '잠그다'와 '잠기다', '봉오리'와 '봉우리'가 바로 그러한 낱말들입니다.

잠그다	문 등을 자물쇠나 고리로 남이 열 수 없게 채우다.
잠기다	문 등이 자물쇠나 고리로 남이 열 수 없게 채워지다.

위의 뜻 외에도 '잠그다'는 '물, 가스 등이 나오지 않도록 하다.'라는 뜻으로, '잠기다'는 '물, 가스 등이 나오지 않도록 되다.'라는 뜻으로도 쓰여요.

한편 '봉오리'는 '아직 피지 않은 꽃'을 뜻하는 낱말이에요. 그런데 '봉우리'는 '산에서 가장 높이 솟은 부분.'을 뜻하는 낱말이랍니다.

다음 문장에서 알맞은 낱말을 골라 ○표 하세요.

(1) 문을 (잠그려고 / 잠기려고) 해요.
(2) 아주 큰 꽃(봉오리 / 봉우리)를 보았어요.

241025-0041

1 다음 낱말의 뜻을 살펴보고, 문장에 알맞은 낱말에 ○표 하세요.

1

> **수집하다** : 취미나 연구를 위하여 물건이나 자료 등을 찾아서 모으다.
>
> **채집하다** : 널리 찾아서 얻거나 캐거나 잡아 모으다.

저는 재미있는 만화책을 (수집하는 / 채집하는) 것을 좋아해요.

2

> **운행하다** : 정해진 길을 따라 자동차나 열차 등이 다니다.
>
> **운항하다** : 배나 비행기가 정해진 길이나 목적지를 오고 가다.

유람선을 (운행하는 / 운항하는) 시간이 거의 다 되었어요.

241025-0042

2 다음 문장의 빈칸에 알맞은 낱말을 오른쪽에서 찾아 선으로 바르게 이어 보세요.

1 장난감을 __________ 때는 신났는데, 다시 결합
하려니 쉽지가 않았어.

2 국가에서 이곳을 땅으로 만들기 위해 내년부터
흙을 __________ 예정이라고 해.

3 내가 저 위로 올라가는 동안 밑에서 사다리를
__________ 사람이 필요해.

- ㉠ 분해할
- ㉡ 고정할
- ㉢ 매립할

241025-0043

3 뜻이 서로 비슷한 낱말끼리 묶인 것을 모두 고른 것은 무엇인가요?

> ㉠ 발견하다 – 알아내다　　㉡ 분리하다 – 합체하다　　㉢ 발명하다 – 개발하다

① ㉠　　　　② ㉡　　　　③ ㉠, ㉡

④ ㉠, ㉢　　　⑤ ㉡, ㉢

241025-0044

4 다음 문장에서 알맞은 낱말을 골라 ○표 하세요.

1 세면대를 사용한 후 동생이 수도꼭지를 꼭 (잠그게 , 잠기게) 도와주세요.

2 저 산은 (봉오리 , 봉우리)가 참 높구나!

3 추운 날씨에도 진달래 가지에는 분홍색 (봉오리, 봉우리)가 움텄다.

241025-0045

5 다음 만화의 ㉠~㉢에 들어갈 알맞은 말을 <보기>에서 찾아 써 보세요.

보기

고정   발견   발명   분리   분해   수집

1~2 다음 글을 읽고 물음에 답해 보세요.

우리나라의 자연유산 중에 공룡 화석이 있다는 사실을 알고 있나요? 국가유산청은 2022년에 '화성 뿔 공룡(코리아케라톱스 화성엔시스) 골격 화석'을 자연유산으로 지정하였어요. '코리아케라톱스 화성엔시스'는 '화성에서 (㉠)된 한국 뿔 공룡'이라는 의미로, 서울대학교 이융남 교수가 지어 붙인 이름인데 국제적으로 인정된 학명이 되었어요.

이 화석은 2008년 화성시 전곡항 방조제 주변 청소를 하던 한 공무원에 의해 (㉡)되었어요. 공룡의 엉덩이뼈와 꼬리뼈, 양쪽 아래 다리뼈와 발뼈 등 하반신의 모든 뼈들이 분리되지 않고 제자리에 있는 완전한 형태였다고 해요. 우리나라에서 하반신의 모든 뼈들이 완전한 형태로 (㉢)된 거의 유일한 공룡 화석이에요. 보존 상태가 좋고, 새로 뿔 공룡으로 국제적으로도 인정받아 자연 유산으로의 가치가 매우 높다고 해요.

이 화석을 통해 약 1억 2천만 년 전 한반도에도 얼굴에 뿔이 달린 공룡이 살았었다는 사실을 알 수 있어요. 남겨진 골격과 수집한 자료를 연구한 결과 이 공룡의 전체 몸길이는 약 2.3m이고 두 발로 걸었을 것이라고 해요. 또한 물과 식물이 많은 곳에 살았으며, 꼬리가 납작하고 발목이 튼튼해서 다른 공룡의 공격을 받으면 물속으로 피해서 도망갔을 것으로 추측하고 있어요. 연구팀은 이 공룡이 대략 8살에 죽었다는 사실을 알아내기도 했어요. 이 뿔 공룡 화석은 한반도 뿔 공룡의 진화 과정 등을 이해할 수 있는 귀중한 자료로도 여겨지고 있어요.

241025-0046

1 낱말의 초성과 뜻을 참고하여 ㉠~㉢에 공통으로 들어갈 낱말이 무엇인지 쓰세요.

ㅂ ㄱ : 아직 찾아내지 못했거나 세상에 알려지지 않은 것을 처음으로 찾아냄.

241025-0047

2 윗글을 읽고 친구들끼리 이야기를 나눈 내용입니다. 글의 내용을 바르게 이해하지 <u>못한</u> 친구는 누구인가요?

① 윤이: 오랜 옛날에는 우리나라에도 공룡이 살았어.

② 세나: 코리아케라톱스 화성엔시스는 얼굴에 뿔이 달린 공룡이야.

③ 홍선: 코리아케라톱스 화성엔시스는 물과 식물이 많은 곳에 살았어.

④ 진혁: 코리아케라톱스 화성엔시스는 물속에서 다른 동물을 공격할 수 있었어.

⑤ 제윤: 코리아케라톱스 화성엔시스 골격 화석은 2022년에 자연유산으로 지정되었어.

조상님들의 발명품에는 어떤 것들이 있었을까요?

1. 전기 없이 돌아가는 냉장고가 있었다고?

전기가 없던 옛날에는 더운 여름을 어떻게 보냈을까요? 조상님들은 신라 시대부터 '빙고(氷庫)'라는 곳을 만들어 얼음을 보관했다고 해요. '얼음 빙(氷), 창고 고(庫)', 말 그대로 얼음 창고라는 뜻이죠. 입구로 들어가면 점점 지하로 내려가는데, 특수한 구조로 만들어져서 더운 공기는 지붕의 구멍으로 날아가고 찬 공기가 오래 머물면서 얼음이 녹지 않게 했다고 해요.

'빙(氷)'이 들어간 낱말들은 얼음과 관련이 있어요. 얼음을 갈아 만든 간식인 빙수, 물 위에 떠돌아다니는 거대한 얼음덩어리인 빙산이 바로 그렇죠. 아래 그림이 무엇을 그린 것인지 맞혀 볼까요?

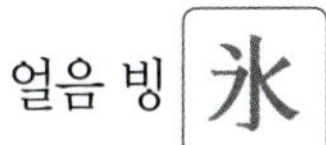
얼음 빙

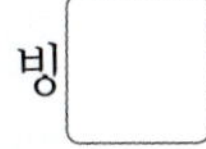
빙

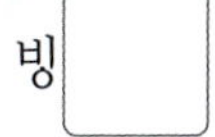
빙

2. 동양에서 가장 오래된 천문대가 우리나라에 있다고?

'천문대'는 우주를 살펴볼 수 있는 시설을 말하는데, 우리나라에는 동양에서 가장 오래된 천문대가 있어요. 그 이름은 바로 '첨성대'랍니다. '볼 첨(瞻), 별 성(星), 돈대 대(臺)'로, 별을 보는 건물이라는 뜻이에요. 신라의 선덕 여왕은 별들의 움직임을 살펴 날씨를 예측하고 백성들의 삶을 편안하게 해 주기 위해 첨성대를 지었다고 해요. 백성들을 사랑하는 선덕 여왕의 마음이 느껴지나요?

'성(星)'이 들어간 낱말들은 별과 관련이 있어요. 우주를 떠돌다가 지구로 떨어지는 작은 물체인 별똥별을 '유성'이라고 하고, 지구 따위의 행성 둘레를 돌도록 로켓을 이용하여 쏘아 올린 인공 장치를 '인공위성'이라고 하죠. 아래 그림이 무엇을 그린 것인지 맞혀 볼까요?

별 성 星

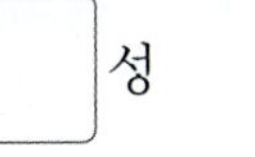
성

성

맛을 보아요

구수하다

① 보리차, 숭늉, 된장국 등에서 나는 맛이나 냄새와 같다.
② 마음씨가 넉넉하고 따뜻하다.
예 **구수한** 보리차를 마시니 몸이 따뜻해졌어.

친절한샘 구수한 숭늉이나 된장국을 마시면 몸이 따뜻해지는 것처럼, '구수하다'는 따뜻한 마음씨를 뜻하기도 해요. '구수하다'의 작은말인 **고소하다**는 '볶은 깨, 참기름 따위에서 나는 맛이나 냄새와 같다.'라는 뜻이에요.

떫다

① 맛이 쓰고 텁텁하다.
② 하는 짓이나 말이 바르지 못하여 마음에 들지 않다.
예 감의 맛이 **떫어서** 이맛살을 찌푸렸어요.

친절한샘 맛을 나타내는 표현인 '떫다'는 '떫은 얼굴'과 같이 마음에 들지 않는 상태를 나타낼 때에도 쓰여요. 비슷한말인 **떨떠름하다**는 조금 떫은 맛이 있다는 뜻인데, '마음에 선뜻 내키지 않는다.'라는 뜻으로도 쓰여요.

싱겁다

① 음식의 짠맛이 적다.
② 말이나 행동이 상황에 어울리지 않고 다소 엉뚱하다.
예 국이 **싱거울** 때는 소금을 조금 넣어 봐.

친절한샘 '싱겁다'의 비슷한말로 **밍밍하다**와 **맹맹하다**가 있어요. 둘 다 '음식 따위가 제맛이 나지 않고 몹시 싱겁다.'라는 뜻이에요.

반죽하다

가루에 물을 넣고 섞어 개어 놓다.
예 칼국수를 만들기 위해 열심히 밀가루를 **반죽했어요.**

친절한샘 반죽할 때 물을 너무 적게 넣으면 되고, 물을 너무 많이 넣으면 묽어요. **되다**는 반죽의 물기가 적어 부드럽지 못하다는 뜻이고, **묽다**는 반대로 반죽에 지나치게 물기가 많다는 뜻이에요.

지지다

① 국물을 조금 붓고 끓여서 익히다.
② 달군 프라이팬 등에 기름을 바르고 전 등을 넓적하게 펴서 익히다.
예 명절이면 집에 전을 **지지는** 냄새가 가득해요.

친절한샘 '찌개'를 만들 때는 국물을 조금 붓고 끓여 익히고, '부침개'나 '전'은 프라이팬에 기름을 넣고 익혀요. 기름을 많이 붓는 튀김 요리와 달리, 지지는 요리는 기름을 조금 부어요. 이때 '지지다'는 뜻이 같은 말인 **부치다**로 바꿔 쓸 수 있어요.

달이다

① 액체가 진하게 되도록 끓이다.
② 물을 부어 우러나도록 끓이다.
예 할머니께서는 한약을 **달일** 때 늘 정성을 다하셨어요.

친절한샘 '달이다'와 발음이 같은 **다리다**는 '옷이나 천 등의 구김을 펴거나 줄을 세우기 위해 다리미로 눌러 문지르다.'를 뜻합니다. '달이다'와 헷갈릴 수 있는 말인 **졸이다**는 '찌개, 국, 한약 등의 물을 줄어들게 하여 양이 적어지게 하다.'를 뜻합니다.

군침

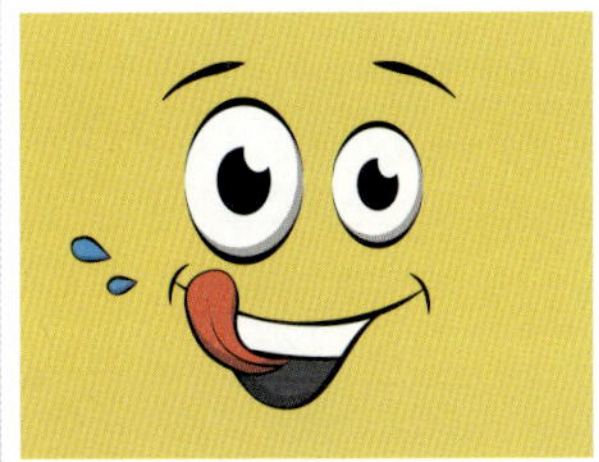

주로 무엇이 먹고 싶을 때 입 안에 고이는 침.

예 어디선가 라면 냄새가 나서 **군침**이 돌았어.

친절한 샘 맛있는 음식 냄새가 나면 자기도 모르게 입 안에 침이 고이죠? 그것이 바로 '군침'이에요. 주로 **군침이 돌다, 군침이 흐르다**와 같이 표현하는데, 이 표현은 '식욕이 생기다.' 혹은 '이익이나 재물 등에 욕심이 생기다.'라는 뜻으로 쓰인답니다.

먹성

먹- + 성품 性

① 음식을 좋아하거나 싫어하는 개인의 성향.
② 음식을 먹는 양.

예 **먹성**이 좋은 태서는 무엇이든 잘 먹습니다.

친절한 샘 '**먹성이 좋다.**'라는 것은 가리는 것 없이 아무 음식이나 잘 먹는다는 뜻이고, '**먹성이 까다롭다.**'라는 것은 가리는 음식이 많다는 뜻이에요. 이때 먹성을 '식성'으로 바꾸어 써도 뜻이 같아요. 한편 '**먹성이 크다, 먹성이 대단하다.**'라고 하면 음식을 먹는 양이 많다는 뜻이랍니다.

어휘 더하기

정답과 해설 9쪽

맞춤법이 헷갈리는 말

	삼◻탕?
	김치찌◻?
	떡볶◻?

음식을 나타내는 말 중에 맞춤법이 헷갈리는 말들이 있어요. 한번 살펴볼까요?

'삼계탕'은 어린 닭에 인삼, 찹쌀, 대추 등을 넣고 푹 삶은 음식이에요. '삼계탕'의 가운데 글자인 '계'는 닭을 뜻해요. 여러분이 즐겨 먹는 '계란'에도 이 글자가 쓰이죠.

'김치찌개'의 마지막 글자는 '개'라고 써요. '찌개'는 국물을 적게 하고 고기, 두부, 채소 등에 고추장이나 된장을 넣고 약간 짜게 끓인 음식을 말해요.

'떡볶이'의 마지막 글자는 '이'가 맞아요. '-기'로 끝나는 말들은 대체로 어떤 행동을 나타내고, '-이'로 끝나는 말들은 대체로 구체적인 사물을 나타낸다고 해요.

다음 문장에서 맞춤법에 맞는 표현에 ◯표 하세요.

(1) 오늘은 (삼개탕 / 삼계탕)을 먹고 힘내자.
(2) (떡볶기 / 떡볶이)에 튀김을 찍어 먹어야지.

241025-0048

1 **다음 문장의 밑줄 친 낱말의 뜻으로 알맞은 것은 무엇인가요?**

1 저 친구는 하루에 다섯 끼를 먹는 걸 보면 <u>먹성</u>이 참 대단해.

① 음식을 먹는 양.

② 주로 무엇이 먹고 싶을 때 입 안에 고이는 침.

2 맛이 <u>떫어서</u> 저절로 얼굴이 찌푸려졌어요.

① 맛이 쓰고 텁텁하여

② 보리차, 숭늉, 된장국 등에서 나는 맛이나 냄새와 같아서

241025-0049

2 **빈칸에 공통으로 들어갈 말을 주어진 초성을 참고하여 써 보세요.**

1 • 엄마가 (ㄱ ㅅ)한 맛이 나는 누룽지를 꺼내 주셨어.

• 시골에 가면 사람들의 (ㄱ ㅅ)한 인심을 느낄 수 있어.

⇨ ☐☐하다

2 • 국물 맛이 (ㅅ ㄱ)게 느껴져서 소금을 더 넣었어요.

• 진우는 별일 아닌 일에도 (ㅅ ㄱ)게 잘 웃었다.

⇨ ☐☐다

241025-0050

3 **주어진 힌트와 관련 있는 낱말을 <보기>에서 골라 쓰세요.**

보기

| 달이다 | 지지다 | 반죽하다 |

첫 번째 힌트	두 번째 힌트	정답은?
1 전	프라이팬	
2 큰 솥	사골	
3 밀가루	칼국수	

241025-0051

4 제시된 상황에 알맞은 글자를 골라 ○표 하세요.

1 우리 민족은 날이 더우면 기운을 내기 위해 삼(게 , 개 , 계)탕을 즐겨 먹었어요.

2 어머니께서 돼지고기와 김치를 넣고 끓여 주시는 김치찌(게 , 개 , 계)는 내가 제일 좋아하는 음식이죠.

3 학교 앞 분식집의 떡볶(기 , 이)를 친구들과 나누어 먹을 때 무척 행복해요.

241025-0052

5 다음 만화의 ㉠~㉢에 들어갈 알맞은 말을 〈보기〉에서 찾아 써 보세요.

보기

| 군침 | 달여 | 먹성 | 지져 | 반죽하여 |

1~3 **다음 글을 읽고 물음에 답해 보세요.**

한과는 서양의 과자와 구분하여 부르는 우리나라 전통 과자를 뜻합니다. 한과의 종류는 만드는 법에 따라 기름에 지지는 약과, 쪄내서 튀기는 강정, 끓이고 고아서 만드는 엿, 반죽해 찍어 내는 다식 등 다양합니다.

약과는 어떻게 만들까요? 먼저 밀가루 반죽에 꿀과 참기름을 섞고, 이를 판에 박아 모양을 만듭니다. 그리고 그것을 기름에 ㉠지진 다음, 다시 꿀을 발라 반질거리게 만드는 과자입니다. 다른 말로 '과줄'이라고도 합니다. 오늘날에는 국화 모양을 본떠서 많이 만들지만, 예전에는 새나 물고기 같은 모양으로 만들었다고 합니다.

강정은 찹쌀가루를 반죽해 기름에 튀긴 뒤에 고물을 묻힌 과자입니다. 물에 4, 5일 불린 후 빻은 찹쌀가루에 청주와 설탕물을 넣어 반죽한 다음, 손가락 마디만큼씩 썰어 말립니다. 그리고 그것을 기름에 튀겨 꿀 또는 조청을 바르고 여기에 고소한 맛을 더해 주는 깨나 콩가루 등을 묻혀 만듭니다.

엿은 곡식이나 고구마 녹말에 엿기름을 넣어 달게 (㉡) 과자입니다. 엿을 만드는 데 쓰이는 곡식으로는 쌀, 찹쌀, 옥수수, 조 따위가 있습니다. 엿을 만들 때 호두나 깨, 콩 따위를 섞으면 더욱 맛있습니다. 가락엿을 부러뜨리면 구멍이 송송 나 있는데, 옛날에는 가락엿을 부러뜨려 그 속의 구멍이 더 많고 큰 쪽이 이기는 놀이를 하기도 했습니다.

다식은 녹말이나 송홧가루, 검은깨 등의 가루를 꿀이나 조청에 반죽하여 다식판에 박아 만든 과자입니다. 다식판에는 주로 전통 무늬나 장수를 바라는 글자가 새겨져 있습니다. 가루의 특성에 따라 흰색, 노란색, 검은색 등의 여러 가지 색깔로 만들어 군침을 돌게 합니다.

241025-0053

1 **다음은 어떤 한과에 대한 설명인지 찾아 선으로 바르게 이어 보세요.**

1 옛날에는 이것을 이용한 놀이가 있었다. •   • ㉮ 약과

2 찹쌀가루를 반죽한 후 기름에 튀겨서 만든다. •   • ㉯ 강정

3 전통 문양이나 장수를 바라는 글자가 새겨져 있다. •   • ㉰ 엿

4 예전에는 새, 물고기 같은 모양으로 만들어 먹었다. •   • ㉱ 다식

241025-0054

2 **㉠과 바꾸어 쓸 수 있는 말은 무엇인가요?**

① 찐   ② 구운   ③ 볶은   ④ 부친   ⑤ 튀긴

241025-0055

3 **다음은 ㉡에 들어갈 말의 뜻입니다. 이를 참고할 때, ㉡에 들어갈 말로 가장 알맞은 것은 무엇인가요?**

> 1. 찌개, 국, 한약 등의 물을 줄어들게 하여 양이 적어지게 하다.
>
> 2. 마음이나 가슴, 속 등을 태우는 듯이 초조해하다.

① 졸인   ② 다린   ③ 달인   ④ 끓인   ⑤ 데운

어휘 펼치기

💬 다음 만화를 보고, 밑줄 친 말의 뜻을 추측하여 말해 보세요.

✏️ **'미운 놈 떡 하나 더 준다'**

　다툰 후 미운 마음이 남아 있던 친구에게 과자를 내밀었네요. 친구의 눈빛이 초롱초롱하게 변하였죠? '미운 놈 떡 하나 더 준다'는 미울수록 더 정답게 대해야 미워하는 마음이 가신다는 말이에요.

✏️ **떡에 대한 속담을 더 살펴볼까요?**

- 떡 줄 사람은 생각지도 않는데 김칫국부터 마신다: 아직 일어날지 안 일어날지 모르는 일인데 미리부터 다 된 일로 알고 행동한다.
- 떡 본 김에 제사 지낸다: 우연히 얻은 좋은 기회에 하려고 했던 일을 한다.

활동　밑줄 친 부분에 어울리는 속담을 위에서 찾아 쓰세요.

241025-0056

1 낱말과 그 뜻이 바르게 짝 지어지지 <u>않은</u> 것은 무엇인가요?

① 애쓰다 – 무엇을 이루기 위해 힘을 들이다.

② 으스대다 – 보기에 좋지 않게 우쭐거리며 뽐내다.

③ 정의롭다 – 진리에 맞는 올바른 도리에서 벗어남이 없다.

④ 무절제하다 – 정도에 넘지 않도록 알맞게 조절하여 제한하다.

⑤ 으스스하다 – 차거나 기분 나쁜 것이 몸에 닿아 크게 소름이 돋다.

241025-0057

2 뜻이 비슷한 말끼리 짝 지어지지 <u>않은</u> 것은 무엇인가요?

① 흉악하다 – 선하다

② 애틋하다 – 애달프다

③ 은은하다 – 은근하다

④ 친밀하다 – 허물없다

⑤ 시무룩하다 – 뾰로통하다

241025-0058

3 다음 대화에서 밑줄 친 부분과 관련된 낱말은 무엇인가요?

① 훈훈하다   ② 헤아리다   ③ 해박하다

④ 태평하다   ⑤ 무례하다

4 다음 대화에서 밑줄 친 말과 뜻이 반대인 말은 무엇인가요?

① 황당하다   ② 태연하다   ③ 본받다
④ 명심하다   ⑤ 갸우뚱하다

5 다음을 읽고 빈칸에 들어갈 알맞은 낱말을 골라 ○표 하세요.

> 재우: 휴, **1** (어떡하지 / 어떻하지)? 이 무거운 상자들을 **2** (어떡게 / 어떻게) 옮겨야 할지 모르겠네.
>
> 시원: 걱정하지 마. **3** (백지장 / 홍두깨)도 맞들면 낫다잖아. 내가 도와줄게.
>
> 재우: 고마워. 그럼 상자 **4** (두개 / 두 개)를 하나씩 같이 들어서 옮기자.

6 다음 빈칸에 들어갈 알맞은 낱말을 오른쪽에서 찾아 선으로 바르게 이어 보세요.

1 내 동생은 (　　　)이/가 까다로워 편식이 심합니다. •   • ㉠ 가치

2 짜장면 이야기를 들으니까 먹고 싶어서 (　　　)이/가 돈다. •   • ㉡ 심통

3 봉사를 통해 사랑과 배려의 (　　　)을/를 느꼈다. •   • ㉢ 먹성

4 엄마가 동생에게만 장난감을 사 주셔서 (　　　)이/가 났다. •   • ㉣ 군침

241025-0062

7 밑줄 친 낱말을 바르게 사용한 친구에게 ○표 하세요.

1

(   )

2

(   )

241025-0063

8 뜻이 비슷한 말끼리 짝 지어지지 <u>않은</u> 것은 무엇인가요?

① 싱겁다 – 밍밍하다
② 지지다 – 부치다
③ 발견하다 – 찾아내다
④ 되다 – 묽다
⑤ 떫다 – 떨떠름하다

241025-0064

9 해당 낱말의 뜻을 〈보기〉에서 찾아 사다리를 타고 내려간 곳에 알맞은 기호를 쓰세요.

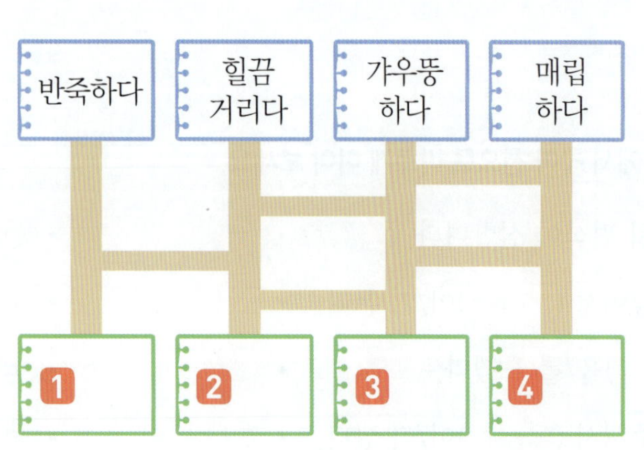

보기

㉠ 낮은 지대의 땅이나 저수지, 바다 등을 돌이나 흙 등으로 메우다.
㉡ 가루에 물을 넣고 섞어 개어 놓다.
㉢ 눈을 옆으로 돌려 자꾸 슬쩍슬쩍 쳐다보다.
㉣ 물체가 한쪽으로 약간 기울어지다. 또는 그렇게 하다.

241025-0065

10 제시된 낱말의 뜻은 무엇인지 알맞은 말을 골라 ○표 하세요.

1 떫다: 맛이 쓰고 (텁텁하다 / 짭짤하다).

2 발견하다: 아직 찾아내지 못했거나 세상에 알려지지 않은 것을 처음으로 (만들어 내다 / 찾아내다).

3 수집하다: 흩어져 있던 것을 거두어 (나누다 / 모으다).

241025-0066

11 다음 글의 내용을 <u>잘못</u> 이해한 것은 무엇인가요?

> 오늘은 우리 가족이 새로운 동네로 이사를 한 후 처음으로 새 학교에 가는 날이다. 아빠께서는 첫인상이 매우 중요하다는 사실을 명심하라고 하셨다. 먼저 말을 걸어오는 친구가 있다면 시큰둥한 반응 대신 환한 미소로 답해야겠다고 다짐했다. 담임 선생님의 안내로 교실로 들어간 나는 눈을 크게 뜨고 주변을 두리번거렸다. 교실, 선생님, 친구들까지 모든 것이 나에게는 낯설게만 느껴졌다. 나를 쏘아보는 친구는 없었고 대부분 호기심 가득한 눈빛으로 나를 바라봤다.
>
> "안녕! 나는 새로 전학 온 심소은이라고 해. 앞으로 잘 부탁해."
>
> 나는 긴장을 감추려고 일부러 더 큰 소리로 인사를 했다.
>
> "소은이는 영서 옆자리에 앉으면 되겠다. 소은이가 학교생활에 잘 적응할 수 있게 도와주렴."
>
> 첫인사를 마치고 선생님께서 정해 주신 자리로 향했다. 가까이 다가가자 멀리서는 무뚝뚝해 보였던 영서의 표정이 순간 밝아지며 나를 반갑게 맞이해 주었다.
>
> "나는 김영서야. 우리 반에 온 걸 환영해."
>
> 따뜻한 한마디에 긴장감으로 꽝꽝 얼어 있었던 내 마음이 사르르 녹아내리는 듯했다.

① '나'는 새로운 동네로 이사를 왔다.

② 멀리서 보았을 때 영서는 무뚝뚝해 보였다.

③ 영서의 따뜻한 한마디에 '나'의 긴장했던 마음이 풀렸다.

④ 교실로 들어간 '나'는 눈을 크게 뜨고 여기저기를 살펴봤다.

⑤ '나'는 교실, 선생님, 친구들이 처음부터 친숙하게 느껴졌다.

II

역사·사회

자연과 더불어 살아가는 우리

지리

땅 地 + 다스릴 理

어떤 곳의 지형이나 길.

예 **지리**를 잘 모를 때는 지도를 보면 도움이 된다.

친절한 샘 옛날 사람들은 지형이나 위치가 사람들의 행복이나 불행과 연결되어 있다는 생각을 했어요. 그래서 집을 짓기에 좋은 위치나 무덤을 만들기에 좋은 곳을 찾아다니기도 했지요. 이런 생각을 '**풍수지리설**'이라고 해요.

지형

땅 地 + 모양 形

땅의 생긴 모양.

예 영월의 선암 마을에 가면 한반도 모양을 닮은 **지형**을 볼 수 있다.

친절한 샘 이순신 장군이 열두 척의 배로 왜군을 무찌른 '**명량 대첩**'을 알고 있나요? 울돌목은 갑자기 폭이 좁아지는 지형 때문에 물살이 굉장히 빨라요. 이순신 장군은 이 지형을 이용해 왜군과의 전투에서 승리할 수 있었어요.

지명

땅 地 + 이름 名

마을이나 지방, 지역의 이름.

예 두물머리라는 **지명**의 유래가 궁금하다.

친절한 샘 '지명'은 땅의 생긴 모양이나 그 지역에 얽힌 이야기와 관련하여 붙여지기도 해요. 경기도 양평에는 북한강과 남한강의 두 물줄기가 합쳐지는 장소라는 뜻의 '**두물머리**'라는 곳이 있어요.

하천

강물 河 + 내 川

강과 시내를 아울러 이르는 말.

예 우리 마을에 있는 **하천**에는 항상 맑은 물이 흐른다.

친절한 샘 골짜기나 들판에 흐르는 작은 물줄기를 '**시내**'라고 해요. 시내를 따라 흐르는 물이 모여 강이 되고, 강을 따라 흐르는 물은 바다로 모여요. 흐르는 물인 강이나 시내와 다르게 고여 있는 물에는 '연못'과 '호수'가 있어요.

촌락

마을 村 + 마을 落

주로 시골에서 여러 가구가 모여 사는 장소. 시골의 작은 마을.

예 사람들이 도시로 이동하여 **촌락**에 사는 사람들이 많이 줄어들었다.

친절한 샘 '촌락'은 자연환경과 사람들이 하는 일에 따라 그 이름이 달라져요. 논과 밭에서 농사를 짓는 사람들이 모여 사는 촌락을 '농촌'이라고 해요. 바다에서 물고기를 잡거나 양식을 하는 사람들이 모여 사는 촌락은 '어촌'이라고 해요.

귀촌

돌아올 歸 + 마을 村

시골 마을로 돌아가거나 돌아옴.

예 최근에 **귀촌**을 하는 사람들이 많아지고 있다.

친절한 샘 최근에는 복잡한 도시에서 벗어나 깨끗한 자연환경 속에서 살고 싶어서 귀촌을 선택하는 사람들이 늘고 있어요. 도시에서 살던 사람이 하던 일을 그만두고 농사를 지으려고 농촌으로 가는 것을 '**귀농**'이라고 합니다.

특산물

특별할 **特** + 낳을 **産** + 물건 **物**

어떤 지역에서 특별히 생산되는 물건.

예 인삼은 강화도의 유명한 **특산물**이다.

친절한 샘 날씨와 지형에 따라, 그 지역에서 잘 자랄 수 있는 동물이나 식물이 달라요. 어떤 지역에서 특히 유명한 사물이나 특산물을 '**명물**'이라고 불러요.

유래

말미암을 **由** + 올 **來**

사물이나 일이 생겨남. 또는 사물이나 일이 생겨난 과정과 까닭.

예 설렁탕의 이름은 임금이 제사를 지내던 선농단에서 **유래**했다고 전해진다.

친절한 샘 옛날에는 설날 아침에 꿩고기를 넣어 떡국을 끓였다고 해요. 그런데 꿩고기를 구하기가 어려워, 쉽게 구할 수 있는 닭을 잡아 떡국을 끓여 먹은 데서 '**꿩 대신 닭**'이라는 속담이 유래했다고 해요.

어휘 더하기

정답과 해설 12쪽

'해(海)'가 들어간 한자어

해수욕장(海水浴場)
사람들이 바닷물에서 헤엄치고 놀 수 있도록 시설을 갖춘 바닷가.

동해(東海)
동쪽에 있는 바다.

해외(海外)
자기 나라가 아닌 다른 나라.

바다
해(海)

해일(海溢)
갑자기 바닷물이 크게 일어서 육지로 넘쳐 들어오는 것.

해군(海軍)
바다에서 임무를 수행하는 군대.

해변(海邊)
바다와 육지가 맞닿은 곳이나 그 근처.

바다의 이름은 보통 '해'로 끝나요. 우리나라의 동쪽에 있는 바다는 '동해', 남쪽에 있는 바다는 '남해'라고 부르고, 북극 주변의 바다는 '북극해', 남극 주변의 바다는 '남극해'라고 불러요.

바다 중에서도 아주 큰 바다에는 '큰 바다 양(洋)'을 이름에 붙여요. 세계에서 가장 큰 3개의 바다로 '태평양, 대서양, 인도양'이 있어요.

북극 주변에 있는 바다를 부르는 낱말로 알맞은 것에 ○표 하세요.

동해   남극해   북극해

241025-0067

1 다음 낱말의 뜻으로 알맞은 것에 ○표 하세요.

1 지명　　(어떤 곳의 지형이나 길. / 마을이나 지방, 지역의 이름.)

2 촌락　　(시골의 작은 마을. / 정치, 경제, 문화의 중심이 되고 사람이 많이 사는 지역.)

241025-0068

2 다음 밑줄 친 낱말의 뜻으로 알맞은 것은 무엇인가요?

> 동현: 주말에 비가 많이 와서 깜짝 놀랐어.
>
> 수호: 무슨 일이 있었어?
>
> 동현: 우리 동네에 있는 <u>하천</u>이 넘칠 뻔했어.

① 강과 시내　　　　② 강과 호수　　　　③ 강과 바다

④ 시내와 호수　　　　⑤ 시내와 바다

241025-0069

3 빈칸에 들어갈 낱말의 초성과 뜻을 보고, 알맞은 낱말을 써넣어 문장을 완성해 보세요.

1 혜원이는 우리 고장의 [ㅈ ㄹ] 에 밝아서 길을 모르면 혜원이에게 물어보면 돼.

　　　어떤 곳의 지형이나 길.

2 「삼국지」에서 유비는 제갈량을 얻은 것이 '물고기가 물을 만난 것과 같다.'라고 이야기했는데, 여기에서 친한 친구 사이를 뜻하는 '수어지교'라는 사자성어가 [ㅇ ㄹ] 했어.

　　　사물이나 일이 생겨남. 또는 사물이나 일이 생겨난 과정과 까닭.

241025-0070

4 밑줄 친 낱말의 뜻을 오른쪽에서 찾아 선으로 바르게 이어 보세요.

1 해변으로 산책을 나갔다. •

2 해수욕장에 가서 물놀이를 했다. •

3 지진이 나면 바닷가에서는 해일을 조심해야 한다. •

4 이모가 해외여행을 다녀와서 예쁜 장식품을 선물로 주셨다. •

• ㉠ 사람들이 바닷물에서 헤엄치고 놀 수 있도록 시설을 갖춘 바닷가.

• ㉡ 바다와 육지가 맞닿은 곳이나 그 근처.

• ㉢ 자기 나라가 아닌 다른 나라.

• ㉣ 갑자기 바닷물이 크게 일어서 육지로 넘쳐 들어오는 것.

241025-0071

5 다음 ㉠~㉣에 들어갈 알맞은 낱말을 〈보기〉에서 찾아 써 보세요.

보기

| 귀촌 도시 촌락 특산물 |

1~3 다음 글을 읽고 물음에 답해 보세요.

　지난 방학 때 나는 가족과 함께 독도를 다녀왔다. 독도는 우리나라에서 가장 동쪽에 있는 섬으로 울릉도 남동쪽에 위치한 화산섬이다. 아버지께서는 독도가 원래 바위로 되어 있는 섬이라는 뜻에서 '돌섬'이라고 불렸는데, 초기 이주민이었던 전라도 사람들의 방언에서 '돌'을 '독'으로 발음하여 '독섬'이 되었고, 이게 '독도'라는 이름으로 이어졌다고 설명해 주셨다. 지금도 많은 울릉도 주민들은 독도를 '독섬' 혹은 '돌섬'으로 부르고 있다고도 하셨다.

　독도는 먼 옛날 바닷속에서 일어난 화산 폭발로 솟아 나온 용암이 굳어져 만들어진 화산섬이다. 그래서 화산으로 만들어진 땅에서만 나타나는 다양한 모양의 ㉠땅 모습도 볼 수 있었다. 촛대 모양의 촛대 바위, 코끼리를 닮은 코끼리 바위, 한반도의 모양을 닮은 한반도 바위도 보았다. 바위들의 특이한 모양이 독도의 신비함을 더해 주는 것 같았다.

　독도는 흙이 많지 않고 물도 부족하여 식물이 뿌리를 내리고 살기 어려운 환경이라고 한다. 이러한 환경에도 해국, 도깨비쇠고비, 참나리, 사철나무 등의 식물이 어려움을 이겨 내고 꿋꿋하게 살고 있다. 그리고 괭이갈매기를 비롯해서 황조롱이, 물수리 등의 새들도 살고 있다고 한다. 독도에 이렇게 다양한 동식물이 살고 있는 것이 자랑스럽게 느껴졌다.

　독도에 대한 설명을 들으면서 ㉡동해를 바라보니 가슴이 탁 트였다. 우리의 소중한 섬인 독도에 더 많은 관심을 가져야겠다고 생각했다. 아름답고 생명력 넘치는 독도가 우리 땅이라는 것이 아주 자랑스러웠다.

241025-0072

1 윗글을 읽고 독도에 대해 이해한 내용으로 알맞지 <u>않은</u> 것은 무엇인가요?

① 독도는 우리나라의 동쪽 끝에 있는 섬이다.

② 독도는 화산 폭발 때 나온 용암이 굳어져 만들어진 섬이다.

③ 독도는 식물이 살기 좋은 환경이라 많은 식물들이 자라고 있다.

④ 독도에는 촛대 바위, 코끼리 바위 등 특이한 모양의 바위들이 있다.

⑤ 독도의 지명은 바위로 되어 있는 섬이라는 뜻의 '돌섬'에서 유래하였다.

241025-0073

2 주어진 초성과 뜻을 참고하여 ㉠과 뜻이 비슷한 낱말을 써 보세요.

| ㅈ | ㅎ | : 땅의 생긴 모양.

241025-0074

3 ㉡과 〈보기〉의 낱말에 공통적으로 쓰인 한자 '해(海)'의 뜻으로 알맞은 것은 무엇인가요?

보기

| 해군(海軍) | 해수욕장(海水浴場) | 해외(海外) |

① 섬　　　② 하천　　　③ 들판　　　④ 호수　　　⑤ 바다

'세시 풍속'에 대해 알아볼까요? 해마다 절기나 달, 계절에 맞추어서 하는 여러 가지 놀이나 일을 '세시 풍속'이라고 해요.

정월 대보름(음력 1월 15일) 다음 ㉠~㉢에 들어갈 알맞은 낱말을 〈보기〉에서 찾아 써 보세요.

보기

- 부럼: 음력 1월 15일에 한 해 동안의 나쁜 기운을 물리치려고 깨물어 먹는 딱딱한 열매류.
- 쥐불놀이: 막대기나 줄에 불을 달아 빙빙 돌리며 노는 놀이.
- 달집태우기: 나뭇가지를 엮어 만든 달집에 불을 지르며 노는 풍속.

단오(음력 5월 5일) 다음 ㉣~㉥에 들어갈 알맞은 낱말을 〈보기〉에서 찾아 써 보세요.

보기

- 부채: 손으로 잡고 흔들어 바람을 일으키는 도구.
- 창포물: 단오에 머리를 감는 데 쓰이는 식물인 창포를 삶은 물.
- 그네뛰기: 혼자 또는 두 사람이 그네 위에 올라타 줄을 잡고 몸을 날려 앞뒤로 왔다 갔다 하면서 그네를 타는 놀이.

옛날에는 이렇게 살았어요

역사

지낼 **歷** + 역사 **史**

사람들이 살아온 모습이 시간이 지남에 따라 변해 온 과정. 또는 그 기록.

예 우리나라는 오랜 **역사**를 가지고 있다.

친절한샘 우리나라의 역사는 '**한국사**', 세계의 역사는 '**세계사**'라고 해요. 그리고 문자로 된 기록이 없을 정도로 아주 옛날, 역사 시대 이전의 옛 시대를 '**선사**'라고 한답니다. 서울 암사동과 대전 둔산에 가면 선사 유적지를 볼 수 있어요.

신분

몸 **身** + 나눌 **分**

한 사람이 사회에서 가지고 있는 역할이나 지위.

예 전봉준은 **신분**제를 없앨 것을 주장했다.

친절한샘 조선 시대에는 양반, 중인, 상민, 천민으로 신분이 나뉘었어요. 그러나 오늘날에는 이러한 신분제가 사라졌어요. 신분에 따른 차별 없이 누구나 자신의 꿈을 향해 노력하며 살 수 있는 사회가 된 것이죠.

유물

남길 **遺** + 물건 **物**

옛날에 살았던 사람들이 남긴 물건.

예 **유물**을 통해서 옛날 사람들의 생활 모습을 짐작할 수 있다.

친절한샘 '**박물관**'은 유물이나 예술품을 수집, 보관, 전시하여 사람들이 볼 수 있게 하거나 연구하는 시설이에요.

유적지

남길 **遺** + 발자취 **跡** + 땅 **地**

역사적 유물이나 유적이 있는 곳.

예 신라 시대의 대표적인 **유적지**인 불국사에 다녀왔다.

친절한샘 '유물'과 '유적지'는 헷갈리기 쉬워요. '유물'은 '물건', '유적지'는 '공간, 장소'라고 생각하면 쉽게 구분할 수 있어요.

전통

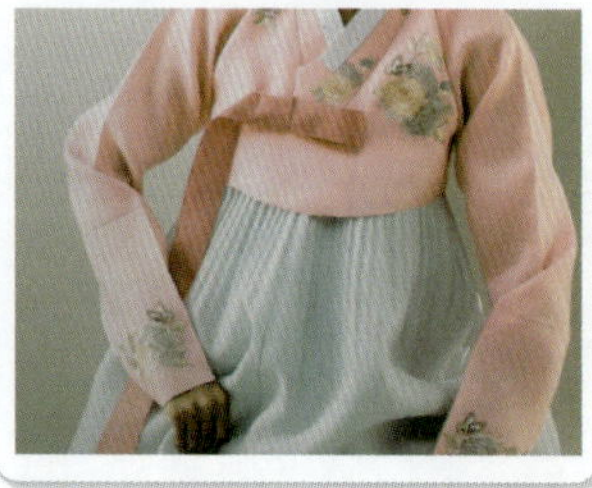

전할 **傳** + 거느릴 **統**

어떤 집단이나 공동체에서 지난 시대부터 전해 내려오면서 만들어진 생각, 행동 양식.

예 한복은 우리나라의 **전통** 의상이다.

친절한샘 '전통'은 전통 음식, 전통 옷, 전통 놀이처럼 예로부터 내려온 고유한 문화나 생각, 행동을 말해요. 전통을 잘 이어 나가는 것은 우리 문화 발전에 매우 중요해요.

계승

이을 **繼** + 이을 **承**

조상의 전통이나 문화, 업적 등을 물려받아 계속 이어 나감.

예 우리 전통문화를 **계승**하고 발전시켜야 합니다.

친절한샘 '계승'과 뜻이 비슷한 낱말로 '**전승**'이 있어요. '전승'은 문화, 풍속, 제도 등을 물려받아 이어 감, 또는 그것을 물려주어 잇게 하는 것을 뜻해요.

급제

미칠 **及** + 차례 **第**

(옛날에) 과거 시험에 합격함.

예 그는 과거에 **급제**해 고향으로 돌아왔다.

친절한 샘 고려 시대와 조선 시대에 나라를 다스릴 관리를 뽑기 위해 보았던 시험을 '**과거**'라고 해요. 혹시 옛날이야기를 읽다가 '진사'나 '생원'이라는 말을 들어 본 적이 있나요? 진사나 생원은 과거 시험 1단계에 합격한 사람을 부르는 말이에요.

침략

침범할 **侵** + 다스릴 **略**

정당한 이유 없이 남의 나라에 쳐들어감.

예 을지문덕 장군은 수나라의 **침략**을 물리치고 살수에서 큰 승리를 거두었어요.

친절한 샘 '침(侵)'은 '침범하다', '들어갈 수 없는 곳에 함부로 들어가다.'라는 뜻을 가진 한자예요. '**침입(侵入)**'은 남의 땅이나 나라, 권리, 재산을 함부로 넘어 들어간다는 뜻이고, '**침공(侵攻)**'은 침입해서 공격한다는 뜻이에요.

어휘 더하기

정답과 해설 13쪽

'민(民)'이 들어간 한자어

민속(民俗)
백성의 문화, 풍속.

민담(民譚)
예로부터 사람들 사이에 전해져 내려오는 이야기.

민화(民畵)
옛날에, 유명한 화가가 아닌 사람이 그린 소박하고 재미있는 그림.

백성 **민**
(民)

국민(國民)
한 나라를 구성하는 사람.

시민(市民)
한 도시 안에 살고 있는 사람.

주민(住民)
일정한 지역 안에 살고 있는 사람.

'백성'은 '나라의 국민'을 이르는 말입니다. 사람들의 삶과 관련된 낱말에 '민(民)'이 들어간 경우가 많아요.

빈칸에 들어갈 알맞은 말을 쓰세요.

(1) ( ): '콩쥐팥쥐'와 같이 사람들 사이에 전해져 내려오는 이야기.
(2) ( ): 한 나라를 구성하는 사람.

241025-0075

1 빈칸에 들어갈 낱말의 초성과 뜻을 보고, 알맞은 낱말을 써넣어 문장을 완성해 보세요.

1 온돌은 우리의 [ㅈ ㅌ] 난방 방식이다.
어떤 집단이나 공동체에서 지난 시대부터 전해 내려오면서 만들어진 생각, 행동 양식.

2 발해는 고구려를 [ㄱ ㅅ] 하여 세운 나라이다.
조상의 전통이나 문화, 업적 등을 물려받아 계속 이어 나감.

3 글공부를 열심히 해서 꼭 과거에 [ㄱ ㅈ] 하겠습니다.
(옛날에) 과거 시험에 합격함.

241025-0076

2 다음 빈칸에 들어갈 알맞은 말을 <보기>에서 골라 써 보세요.

보기

유물   유적지

1 강화도에 있는 고인돌 (   )에 다녀왔다.

2 고려청자는 고려 시대의 대표적인 (   )이다.

241025-0077

3 밑줄 친 낱말의 뜻을 오른쪽에서 찾아 선으로 바르게 이어 보세요.

1 윷놀이는 대표적인 <u>민속</u>놀이이다.
• ㉠ 옛날에, 유명한 화가가 아닌 사람이 그린 소박하고 재미있는 그림.

2 <u>민담</u>에는 호랑이가 자주 등장한다.
• ㉡ 사람들 사이에 전해져 내려오는 이야기.

3 <u>민화</u>에는 사람들의 생각이 담겨 있다.
• ㉢ 백성의 문화, 풍속.

241025-0078

4 다음 글의 ㉠~㉢에 들어갈 알맞은 말을 차례대로 나열한 것은 무엇인가요?

> • (㉠): 한 나라를 구성하는 사람.
> • (㉡): 한 도시 안에 살고 있는 사람.
> • (㉢): 일정한 지역 안에 살고 있는 사람.

	㉠	㉡	㉢		㉠	㉡	㉢
①	국민	주민	시민	②	국민	시민	주민
③	주민	국민	시민	④	주민	시민	국민
⑤	시민	국민	주민				

241025-0079

5 다음 만화의 ㉠~㉢에 들어갈 알맞은 말을 〈보기〉에서 찾아 써 보세요.

보기

신분   역사   유물   전통   침략

1~3 다음 글을 읽고 물음에 답해 보세요.

강릉에 가면 검은 대나무가 자라고 있는 '오죽헌'이라는 ㉠유적지가 있어요. 이곳은 율곡 이이와 그의 어머니인 신사임당이 태어난 곳이에요. 율곡 이이는 어려서부터 어머니께 가르침을 받았다고 해요. 열심히 글공부하여 과거에 아홉 번이나 ㉡급제한 것으로도 유명해요. 첫 번째 급제했을 때 이이의 나이는 고작 열세 살이었다고 해요.

과거 시험에 합격하여 관리가 되고 난 후, 주변 나라들의 상황을 살펴보던 이이는 조선을 지키기 위해서는 10만 군사를 훈련시켜 외적의 ㉢침략에 대비해야 한다는 주장을 했어요. 하지만 한 신하가 아무 일이 없는데도 군사를 기르는 것은 재앙을 커지게 하는 것이라며 반대했어요. 그리고 다른 신하들도 이이의 주장을 지나친 걱정이라며 반대해서 끝내 이이의 주장은 받아들여지지 않았어요.

그로부터 10년 후, 일본이 조선 땅에 쳐들어와 임진왜란이 일어났어요. 조선의 많은 백성이 목숨과 재산을 잃고 엄청난 고통을 받았어요. 우리나라의 역사를 기록한 책을 비롯한 수많은 ㉣유물이 불에 탔어요. 만약 이이의 주장이 받아들여졌다면, 우리 ㉤역사는 달라질 수 있었을까요?

241025-0080

1 ㉠~㉤의 뜻으로 적절하지 <u>않은</u> 것은 무엇인가요?

① ㉠ 유적지: 역사적 유물이나 유적이 있는 곳.

② ㉡ 급제: 과거 시험에 합격함.

③ ㉢ 침략: 정당한 이유 없이 남의 나라에 쳐들어감.

④ ㉣ 유물: 옛날에 살았던 사람들이 남긴 물건.

⑤ ㉤ 역사: 사람들이 살아갈 미래의 모습을 기록한 것.

241025-0081

2 ㉢과 비슷한 뜻을 가진 낱말을 <u>두 개</u> 고르세요.

① 다툼   ② 방문   ③ 침공

④ 침입   ⑤ 항복

241025-0082

3 윗글을 읽고 친구들끼리 이야기를 나눈 것입니다. 글의 내용을 바르게 이해한 친구는 누구인가요?

① 재현: 이 글은 신사임당에 대해 소개하는 글이야.

② 수연: 율곡 이이는 아홉 번 만에 과거 시험에 합격했어.

③ 준건: 조선이 일본을 침략해서 임진왜란이 일어나게 되었어.

④ 의진: 임진왜란으로 우리나라의 수많은 유물이 불에 타 버렸어.

⑤ 종범: 조선은 율곡 이이의 주장을 받아들여 10만 군사를 훈련시켰어.

옛날 사람들은 **신분에 따라 입는 옷이 달랐어요.**

양반과 평민이 입는 옷에 어떤 차이점이 있는지 알아볼까요?

〈양반 남자〉	· 갓 · 소매가 넓은 저고리 · 폭이 넓은 바지 · 가죽신 · 외출할 때: 두루마기	〈평민 남자〉	· 폭이 좁은 저고리 · 폭이 좁은 바지 · 짚신
〈양반 여자〉	· 폭이 넓고 길이가 긴 치마 · 당혜(가죽으로 만든 신) · 외출할 때: 얼굴을 가리기 위한 장옷, 쓰개치마	〈평민 여자〉	· 폭이 좁고 길이가 짧은 치마 · 짚신

옛날 사람들이 비가 오는 날 사용하던 도구나 물건을 알아볼까요?

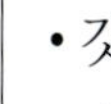	삿갓	대나 갈대를 엮어서 만든, 비나 햇볕을 막기 위해 머리에 쓰는 물건.
	도롱이	짚으로 엮어 허리나 어깨에 걸쳐 두르는 비옷.
	징신	기름이 배어든 가죽으로 만들고, 바닥에 징을 박은 신.
	나막신	비가 올 때나 땅이 질 때 신는, 나무로 만든 굽이 높은 신.

오늘날 우리가 사용하는 물건의 쓰임과 비슷한 것을 〈보기〉에서 골라 적어 보세요.

보기

갓	도롱이	징신	두루마기

㉠ 비옷 (　　　　　　　　)　　　　㉡ 모자 (　　　　　　　　)

㉢ 장화 (　　　　　　　　)　　　　㉣ 외투 (　　　　　　　　)

관광

볼 **觀** + 빛 **光**

어떤 곳의 경치, 상황, 풍속 등을 찾아가서 구경함.

㉮ 가까운 여행지로 **관광**을 가 볼까요?

친절한 샘 여름 방학이나 겨울 방학에 가족끼리 관광을 떠난 경험이 있나요? '관광'의 비슷한말인 '**유람**'은 '돌아다니며 구경함.'을 뜻해요. 유람을 위한 배를 '**유람선**'이라고 하지요.

국토

나라 **國** + 흙 **土**

한 나라의 주권이 미치는 땅.

㉮ 우리나라 **국토**의 남쪽 끝부 터 북쪽 끝까지 여행할 거야.

친절한 샘 국토는 국민의 생활 공간이자 삶의 터전이며, 국가 구성의 기본 요소예요. 국토는 영토와 영해, 영공으로 이루어져 있는데, '**영토**'는 한 나라의 주권이 미치는 땅의 영역을, '**영해**'는 바다의 영역을, '**영공**'은 하늘의 영역을 뜻해요.

일주

하나 **一** + 두루 **周**

일정한 길을 따라 한 바퀴 돎.

㉮ 어른이 되면 배낭을 메고 세 계 **일주**를 하고 싶어.

친절한 샘 세계를 한 바퀴 도는 것은 '세계 일주', 전국을 한 바퀴 도는 것은 '전국 일주'라고 하지요. '**전국**'은 온 나라를 뜻하는 말이에요.

자연유산

스스로 **自** + 그럴 **然** + 남길 **遺** + 낳을 **産**

자연 가운데 매우 중요하고 특 수하여 법으로 정하여 보호하는 것.

㉮ 이번 여행에서 **자연유산**으 로 지정된 멋진 새를 볼 수 있었어.

친절한 샘 2024년 '천연기념물'이 '자연유산'이라는 새로운 말로 바뀌 었어요. '유산'은 '죽은 사람이 남겨 놓은 재산.'과 '이전 세대가 물려준 것.'을 뜻하는데, 여기에서는 뒤의 뜻으로 쓰였어요.

온천

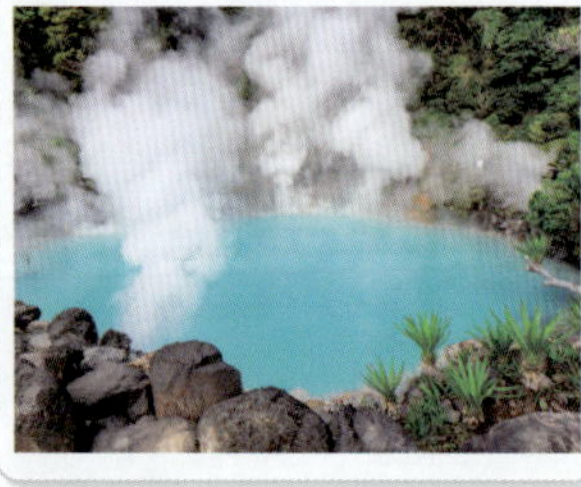

따뜻할 **溫** + 샘 **泉**

지열로 뜨겁게 데워진 지하수로 목욕할 수 있게 만든 시설. 또는 그런 지하수가 나오는 장소

㉮ **온천**에 몸을 담그면 피로가 풀린다.

친절한 샘 어느 정도 따뜻한 물이 나와야 온천이라고 하는 걸까요? 우 리나라 온천법에서는 지하로부터 솟아나는 섭씨 25도 이상의 온수를 온천으로 규정하고 있어요. 온천이나 뜨거운 물에 몸을 담그거나 더운 모래밭에 몸을 묻어서 땀을 흘려 병을 고치는 일을 '**찜질**'이라고 해요.

도심

도읍 **都** + 마음 **心**

도시의 중심부.

㉮ **도심**에서는 시골로, 시골에 서는 도심으로 여행을 떠나 는 일이 많아.

친절한 샘 도심에 사는 사람은 농어촌으로, 농어촌에 사는 사람은 도심 으로 여행을 가면 어떨까요? '**농어촌**'은 '농촌'과 '어촌'의 줄임말이에요.

장

시장 場

정기적으로 많은 사람이 모여 여러 가지 물건을 사고파는 곳.

예 여행을 가서 **장**에 가 보면 여행지에 대해 많은 것을 알 수 있어.

친절한샘 '장'은 '시장'이라고도 해요. 예전에는 장이 매일 서지 않고, 며칠에 한 번씩 섰다고 해요. '오일장'은 5일에 한 번씩 서는 장이에요.

묵다

일정한 곳에서 손님으로 머물다.

예 이번에 내가 **묵은** 곳은 전통 한옥 숙소였어.

친절한샘 '묵다'는 끈이나 줄 등을 매듭으로 만드는 것을 뜻하는 '**묶다**'와 잘 구분해서 써야 해요. '묵다'와 같이 여관이나 호텔 등에서 잠을 자고 머무르는 것을 뜻하는 말로 '**숙박하다**'가 있어요.

정답과 해설 15쪽

어휘 더하기

맞춤법이 헷갈리는 말

받침에 자음이 두 개 들어가는 것을 '겹받침'이라고 해요. 겹받침이 들어가는 낱말을 한번 살펴볼까요?

'깎다'는 값을 낮출 때도 쓰고, 과일의 껍질을 벗겨 낼 때도 쓰는 말이에요. '깎'은 맛있는 '깍두기'나 눈치가 빠른 사람을 말하는 '깍쟁이'에 쓰이는 글자예요.

'닦다'는 길을 만들 때 쓰기도 하고, 더러운 것을 닦아 낼 때 쓰기도 하는 말이에요. '닥'은 먼지 등이 많이 끼어 있는 모양을 뜻하는 '닥지닥지' 같은 말에 쓰여요.

'넋두리'는 자기의 처지나 신세를 하소연하며 길게 늘어놓는 말을 뜻해요. '넉'은 쑥스러움 없이 비위 좋게 구는 행동을 뜻하는 '넉살'에 쓰이는 글자예요.

다음 문장에서 맞춤법에 맞는 표현에 ○표 하세요.

(1) (깍두기 / 깎두기) 값을 (깍아 / 깎아) 줘요.

(2) (닥지닥지 / 닦지닦지) 붙은 먼지를 (닥아요 / 닦아요).

(3) (넉살 / 넋살) 좋은 다인이도 (넉두리 / 넋두리)를 했어요.

241025-0083

1 다음 낱말의 뜻으로 알맞은 것을 찾아 선으로 바르게 이어 보세요.

1 온천 •

2 묵다 •

3 관광 •

4 국토 •

• ㉠ 한 나라의 주권이 미치는 땅.

• ㉡ 어떤 곳의 경치, 상황, 풍속 등을 찾아가서 구경함.

• ㉢ 일정한 곳에서 손님으로 머물다.

• ㉣ 지열로 뜨겁게 데워진 지하수로 목욕할 수 있게 만든 시설. 또는 그런 지하수가 나오는 장소.

241025-0084

2 다음 메모에서 설명하고 있는 낱말이 무엇인지 써 보세요.

'나'는 무엇일까요?

1. 자연 가운데 매우 중요하고 특수한 것이에요.
2. 법으로 정하여 보호하고 있어요.
3. 동물, 식물뿐만 아니라 동굴도 여기에 포함될 수 있다고 해요.

1. 정기적으로 많은 사람들이 모여요.
2. 여러 가지 물건을 사고파는 곳이에요.
3. 지역마다 파는 물건이 다르기도 해요.

241025-0085

3 뜻이 서로 비슷한 낱말끼리 바르게 묶인 것은 무엇인가요?

㉠ 관광 – 유람   ㉡ 국토 – 영토   ㉢ 도심 – 농어촌   ㉣ 전국 – 일주

① ㉠, ㉡   ② ㉡, ㉢   ③ ㉢, ㉣

④ ㉠, ㉡, ㉢   ⑤ ㉡, ㉢, ㉣

241025-0086

4 제시된 초성을 보고, 문장에 알맞은 낱말을 써 보세요.

1 손님마다 가격을 ㄲ ㅇ 주고 다니까 남는 것이 없어요.

2 먼지를 ㄷ ㅇ 내고 보니, 램프가 새것처럼 반짝거렸어요.

3 하루 종일 한숨을 쉬며 ㄴ ㄷ ㄹ 을/를 하고 다니는 오빠를 도와주어야겠어요.

241025-0087

5 다음 만화의 ㉠~㉢에 들어갈 알맞은 말을 〈보기〉에서 찾아 써 보세요.

보기

장   닦을   도심   묵을   일주   농어촌

1~3 다음 글을 읽고 물음에 답해 보세요.

반딧불이를 본 적 있나요? 반딧불이는 꽁무니에서 빛을 내며 날아다니는 곤충으로 '개똥벌레'라고도 합니다. 밤하늘을 아름답게 수놓았던 반딧불이는 환경 오염으로 인해 전국적으로 서식지가 파괴되어 멸종 위기에 있다고 해요. 그래서 우리나라에서는 가장 많은 수의 반딧불이와 그 먹이가 살고 있는 무주군 설천면 일원의 서식지를 ㉠자연유산으로 지정하여 보호하고 있습니다. 도심에서 멀리 떨어진 이곳에서는 매년 반딧불이 축제가 열려 많은 관광객이 방문합니다.

반딧불이가 빛을 내는 까닭은 무엇일까요? 첫 번째는 자신을 잡아먹는 동물의 위협으로부터 자신을 보호하고 주변에도 위험을 알리기 위해서입니다. 다른 곤충들처럼 소리를 내거나 냄새를 잘 맡지 못하기 때문에 빛으로 위험을 알리는 것이죠. 두 번째는 이성에게 자신을 알려 짝짓기를 하기 위해서입니다. 수컷이 암컷에게 사랑을 고백하는 뜻으로 빛을 깜빡이면 암컷도 반짝거리며 대답합니다. 빛으로 어떻게 얘기할까 싶지만 깜빡거리는 횟수나 빠르기, 빛의 양 등을 조절하는 방법으로 여러 가지 생각을 전달합니다. 반딧불이의 빛은 짝을 유인하기 위한 사랑의 불빛인 셈입니다.

반딧불이는 뭘 먹고 그토록 아름다운 빛을 내는 걸까요? 애벌레일 때에는 강력한 턱을 가지고 있어 다슬기나 달팽이를 잡아먹고, 어른이 된 후에는 입의 기능이 약해져 이슬을 먹고 삽니다. 특히 반딧불이 애벌레는 달팽이 전문 사냥꾼이라고 불릴 정도로 먹성이 대단합니다. 입에서 나오는 독으로 달팽이를 마취시킨 다음, 살살 녹여 먹습니다.

241025-0088

1 윗글을 읽고 친구들끼리 이야기를 나눈 내용입니다. 글의 내용을 바르게 이해하지 <u>못한</u> 사람은 누구인가요?

① 채원: 전북특별자치도 무주군 설천면에서는 매년 반딧불이 축제가 열려.
② 채은: 반딧불이는 꽁무니에서 빛을 내는 곤충으로 '개똥벌레'라고도 해.
③ 은재: 반딧불이는 다른 곤충들처럼 소리를 내거나 냄새를 잘 맡지 못해.
④ 희서: 반딧불이 애벌레는 달팽이를 마취시킬 수 있는 독을 지니고 있어.
⑤ 준희: 반딧불이는 애벌레일 때 이슬을 먹고, 어른이 된 후에는 다슬기를 먹어.

241025-0089

2 반딧불이가 빛을 내는 까닭을 정리한 것입니다. 빈칸에 들어갈 말을 윗글에서 찾아 각각 쓰세요.

- 자신을 보호하고 주변에도 (   )을/를 알리기 위해서
- 이성에게 자신을 알려 (   )을/를 하기 위해서

241025-0090

3 다음 초성을 참고하여 ㉠의 의미가 무엇인지 써 보세요.

ㅈ ㅇ 가운데 매우 중요하고 특수하여 법으로 정하여 ㅂ ㅎ 하는 것.

정답과 해설 15쪽

악기의 종류에는 어떤 것이 있을까요?

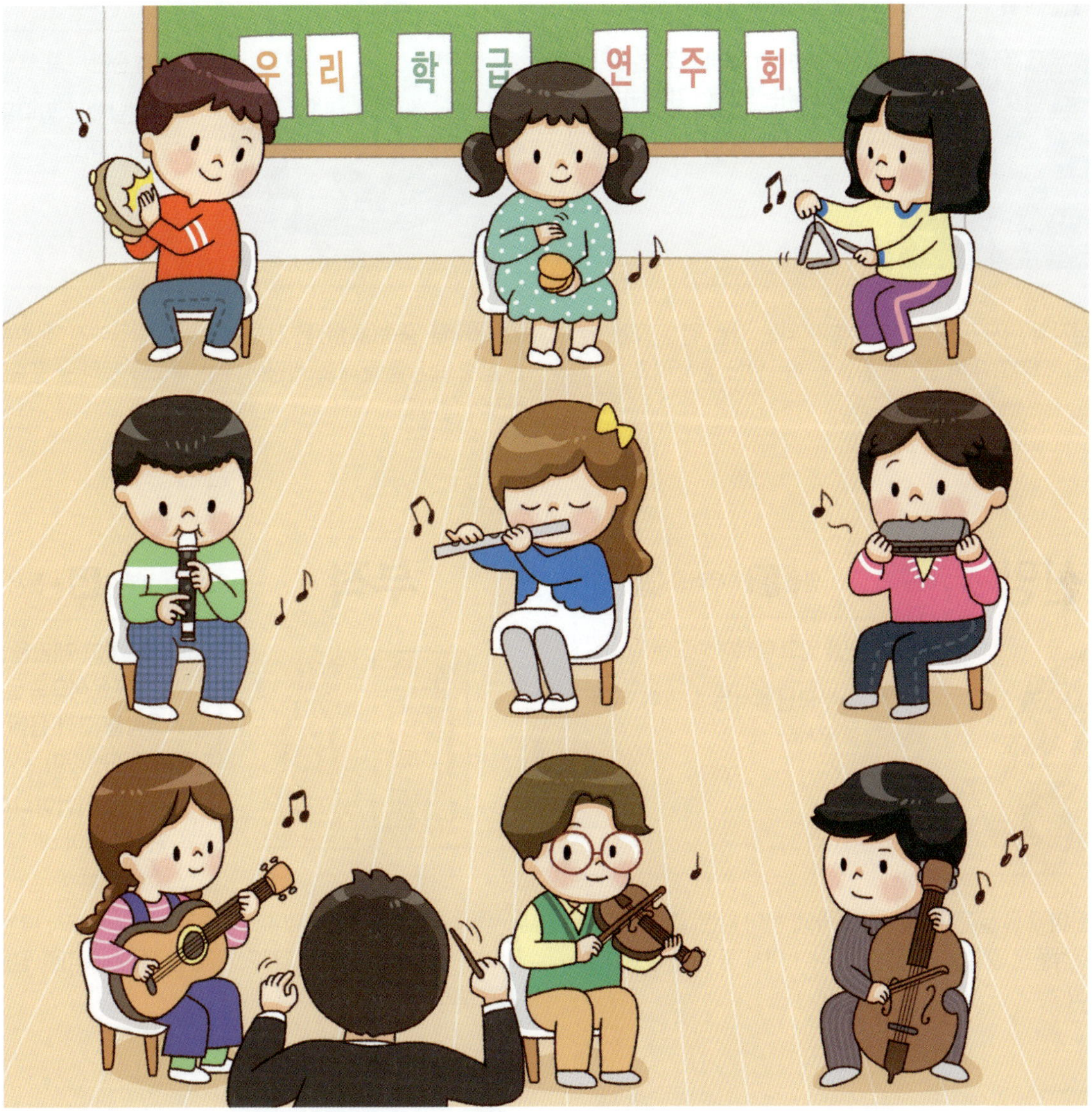

'관악기'는 입으로 불어서 악기 안의 공기를 진동시켜 소리를 내는 악기이고, '현악기'는 바이올린이나 가야금처럼 현을 켜거나 타서 소리를 내는 악기이고, '타악기'는 손이나 채로 두드려서 소리를 내는 악기입니다.

위의 내용을 바탕으로 빈칸에 들어갈 알맞은 낱말을 골라 ○표 하세요.

관악기는 앞에서 (첫째 , 둘째 , 셋째) 줄, 현악기는 (첫째 , 둘째 , 셋째) 줄, 타악기는 (첫째 , 둘째 , 셋째) 줄에 있네요.

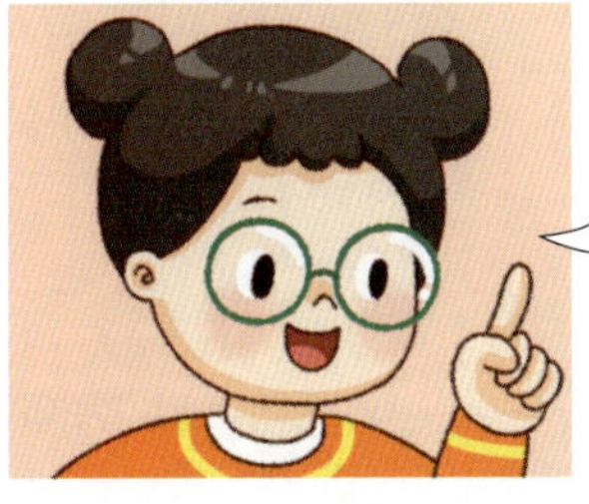

선조들의 삶이 궁금해요

혼례

혼인할 婚 + 예도 禮

성인 남녀가 법적으로 부부가 됨을 알리는 의식.(= 결혼식)

예 삼촌은 전통 방식으로 **혼례**를 치렀다.

친절한샘 남자와 여자가 법적으로 부부가 되는 것을 '결혼' 또는 '혼인'이라고 해요. 그리고 이와 관련된 일을 뜻하는 말은 '혼사'예요.

풍습

바람 風 + 익힐 習

풍속과 습관.

예 동짓날에는 팥죽을 먹는 **풍습**이 있어요.

친절한샘 '풍속(風俗)'은 사회에 속한 사람들에게 옛날부터 전해 오는 생활 습관을 뜻해요. 바람이 부는 속도를 뜻하는 '풍속(風速)'과는 한자가 달라요.

신앙

믿을 信 + 우러를 仰

신을 믿고 따르며 받드는 일.

예 부모님께서는 **신앙**이 두터우시다.

친절한샘 운이 좋은 날을 '길일'이라고 하고, 운이 나쁜 날을 '흉일'이라고 해요. 조상들은 길일을 골라서 결혼이나 이사 등 크고 중요한 행사를 치렀어요.

부적

부적 符 + 문서 籍

잡귀를 쫓고 재앙을 물리치기 위하여 붉은색으로 글씨를 쓰거나 그림을 그려 몸에 지니거나 집에 붙이는 종이.

예 중요한 시험이니까 **부적**을 꼭 간직해야 해.

친절한샘 종이를 몸에 지니거나 집에 붙였다고 해서 나쁜 일이 생기지 않는 것은 아니겠죠? 그래도 우리 선조들은 이러한 믿음을 가지고 나쁜 일도 이겨 낼 수 있었을 거예요.

장승

① 돌이나 나무에 사람의 얼굴을 새겨서 마을 입구나 길가에 세워 놓은 말뚝.
② (비유적으로) 키가 멋없이 큰 사람.

예 옛날 사람들은 **장승**이 마을을 지켜 준다고 믿었다.

친절한샘 시골에 가면 마을 입구에 장승이 세워진 곳이 있어요. 장승은 마을이 있다는 이정표 구실을 하기도 하고, 마을을 지켜 주는 '수호신' 역할도 했어요.

민화

백성 民 + 그림 畫

옛날에, 유명한 화가가 아닌 사람이 실용적인 목적으로 그렸던 소박하고 재미있는 그림.

예 **민화**에는 조상들의 삶이 담겨 있어.

친절한샘 '민화'는 이름난 화가가 아닌 사람들이 그린 그림이에요. 민화 속에는 옛사람의 삶과 신앙, 멋이 깃들어 있어요. 그래서 민화를 보면 옛사람의 삶의 방식과 소망 등을 알 수 있어요.

농경

농사 農 + 밭 갈 耕

농사를 짓는 일.

📕 이곳은 날씨가 따뜻해 **농경**에 적합하다.

친절한 샘 우리나라는 오랫동안 논밭을 갈아 농사를 지으며 생활하는 **농경 사회**였어요. 그러다가 1970년대 이후 공업화가 진행되면서 **산업 사회**로 발전해 왔어요. 그렇다고 농경의 중요성이 떨어진 것은 아니에요. 지금은 농경에 첨단 기술을 활용하는 경우도 많아졌어요.

무공해

없을 無 + 여럿 公 + 해로울 害

사람이나 자연에 피해를 주지 않음.

📕 우리 가게에서는 **무공해** 채소만 판매한다.

친절한 샘 오늘날에는 환경과 건강에 대한 관심이 무척 커졌죠? 그래서 무공해 농산물, 무공해 자동차, 무공해 비누 등 우리 주변에서 '무공해'가 붙은 제품들을 많이 볼 수 있어요. 무공해 농산물과 함께 자주 쓰이는 말로 '**유기농**'이 있는데, 이 말은 화학 비료나 농약을 쓰지 않고 생물의 작용으로 만들어진 것만을 사용하는 방식의 농업을 뜻해요.

어휘 더하기

정답과 해설 16쪽

높임 표현 02

예사말		높임말
먹다	……	들다, 잡수다
있다	……	계시다
자다	……	주무시다
묻다	……	여쭙다, 여쭈다
데리다	……	모시다
주다	……	드리다
보다, 만나다	……	뵙다, 뵈다

행동하는 사람을 높일 때에는 '가시다', '나오시다' 등과 같이 행동을 나타내는 낱말에 '-시-'를 붙여서 높임 표현을 하기도 해요.

만약, 내 말을 듣는 사람이 높여야 할 대상일 때에는 어떻게 할까요? 듣는 사람을 높일 때에는 '요'나 '-습니다'와 같은 말을 문장의 끝에 붙여야 해요.

다음 문장에서 밑줄 친 말을 높임말로 고쳐 쓰세요.

(1) 선생님께 물어볼 것이 있어요. ⇨ (   )
(2) 할머니께서는 지금 집에 있어. ⇨ (   )

241025-0091

1 다음 대화에서 ㉠~㉢에 들어갈 말을 바르게 짝 지은 것은 무엇인가요?

	㉠	㉡	㉢		㉠	㉡	㉢
①	혼인	흉일	풍습	②	혼인	길일	습성
③	혼례	길일	습관	④	혼례	길일	풍습
⑤	결혼식	흉일	풍습				

241025-0092

2 다음 글에서 설명하는 '이것'은 무엇인지, 〈보기〉에서 각각 골라 빈칸에 쓰세요.

보기

만화   민화   부적   장승

1 ☐☐

- 이것은 돌이나 나무에 사람의 얼굴을 새겨서 마을 입구에 세운 말뚝이에요.
- 이것은 이정표 구실도 하고, 마을의 수호신 역할도 해요.
- 이것은 대개 남녀로 쌍을 이루는데, 한 기둥에는 '천하대장군', 또 한 기둥에는 '지하여장군'이라고 새겨져 있어요.
- 키가 멋없이 큰 사람을 이것에 빗대어 표현하기도 해요.

2 ☐☐

- 이것은 옛날 사람들이 널리 사용하던 그림이에요.
- 이것 속에는 우리 조상의 삶과 신앙, 멋이 깃들어 있어요.
- 이것은 호랑이, 까치, 물고기, 사슴과 같은 동물이나 소나무, 대나무, 모란, 연꽃 같은 식물 등 다양한 소재를 표현했어요.

241025-0093

3 다음 각 상황에서 높임 표현이 잘못된 부분을 찾아 바르게 고쳐 쓰세요.

1 (　　　) ⇨ (　　　)　　　2 (　　　) ⇨ (　　　)

3 (　　　) ⇨ (　　　)　　　4 (　　　) ⇨ (　　　)

241025-0094

4 다음 만화의 ㉠~㉣에 들어갈 알맞은 말을 〈보기〉에서 찾아 써 보세요.

보기

농경　　　농촌　　　신앙　　　풍습　　　무공해

1~3 다음 글을 읽고 물음에 답해 보세요.

민간 신앙이란 예로부터 민간에 전해져 내려오는 신앙을 말한다. '민간'이란 일반 사람들 사이, 즉 '백성들 간에.'라는 뜻이고, '신앙'이란 '신을 믿고 따르며 받드는 일.'을 뜻한다. 민간 신앙을 토속 신앙이라고도 하는데, '토속'이란 '그 지방에만 있는 특별한 관습이나 풍속.'이라는 뜻이다.

옛날에는 주로 농사를 짓고 살던 (㉠) 사회였기 때문에 농사에 많은 영향을 주는 해와 달, 비, 바람 등을 무척 중요하게 생각했다. 그리고 우리 조상들은 산, 바다, 바위, 물, 나무, 집, 우물, 심지어 안방과 부엌 등 집 안 곳곳에도 신령이 깃들어 있다고 생각했다. 그래서 자연물이나 각 장소에 물이나 음식을 바치면서 마을과 가정에 질병이나 ㉡자연재해가 오지 않게 해 달라고 빌거나 복이 들어오기를 빌었다.

마을로 들어서는 큰 길목에는 장승을 세워 놓고 마을로 들어오려는 나쁜 귀신이나 재앙을 피하기를 바랐다. 장승이 있는 곳에는 대부분 솟대도 함께 세워져 있는데, 이 솟대에는 잡귀를 막아 주고 마을의 풍년이 들기를 바라는 사람들의 마음이 담겨 있다.

민간 신앙과 뗄 수 없는 것 중에는 민화와 부적도 있다. 민화는 유명한 화가가 아닌 사람이 소박하고 재미있게 그린 그림을 말한다. 조상들은 악귀를 쫓고 경사로운 일을 맞이하는 상징으로 호랑이나 용을 그린 민화를 가까이에 걸어 두고 복을 빌었다. 부적은 잡귀를 쫓고 재앙을 물리치기 위하여 붉은색으로 글씨를 쓰거나 그림을 그려 몸에 지니거나 집에 붙이는 종이를 말한다. 좋은 일만 일어나고 나쁜 일이 일어나지 않기를 바라는 마음을 담은 부적은 오늘날까지 이어지고 있다.

241025-0095

1 다음 대상들에 공통적으로 담긴 조상들의 바람으로 알맞은 것은 무엇인가요?

> 장승   솟대   민화   부적

① 오래 살고 싶다.
② 부자가 되고 싶다.
③ 건강하게 살고 싶다.
④ 나쁜 일을 피하고 싶다.
⑤ 자식을 많이 낳고 싶다.

241025-0096

2 주어진 초성과 뜻을 참고하여 ㉠에 들어갈 알맞은 말을 써 보세요.

ㄴ ㄱ : 농사를 짓는 일.

241025-0097

3 ㉡과 같은 소망을 빌었던 까닭은 무엇인지 써 보세요.

우리 조상들이 살았던 **전통 가옥**에는 어떤 것들이 있을까요? 빈칸에 들어갈 알맞은 말을 <보기>에서 찾아 쓰세요.

- **움집**: 추위나 비바람을 막기 위해 땅을 파고 위에 짚으로 만든 거적 등을 얹어서 지은 집이에요.
- **초가집**: 짚이나 갈대 등을 묶어 지붕 위를 덮은 집으로, 서민들이 주로 살았어요.
- **너와집**: 얇은 나뭇조각이나 돌조각으로 지붕을 덮은 집으로, 나무를 구하기 쉬운 산간 지방에서 많이 볼 수 있었어요.
- **기와집**: 흙으로 구운 기와를 이어서 지붕을 덮은 집으로, 부유한 사람들이 주로 살았어요.

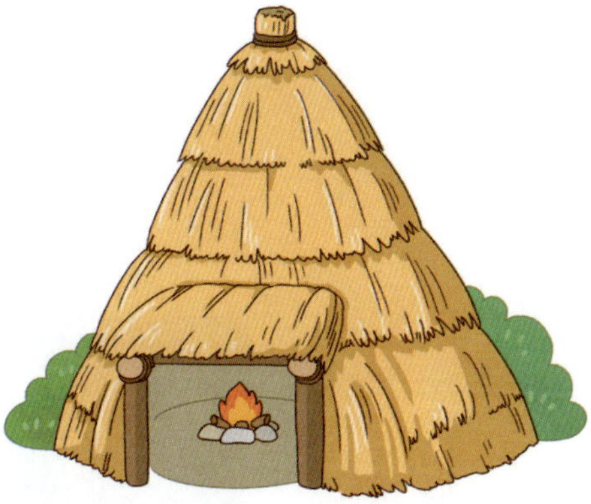

(1) ☐ ☐

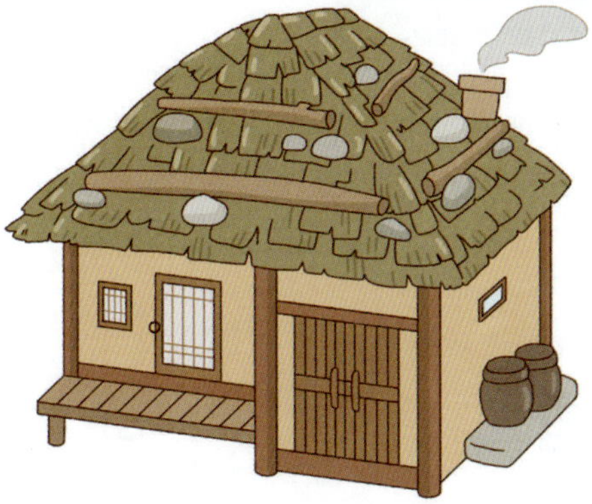

(2) ☐ ☐ ☐

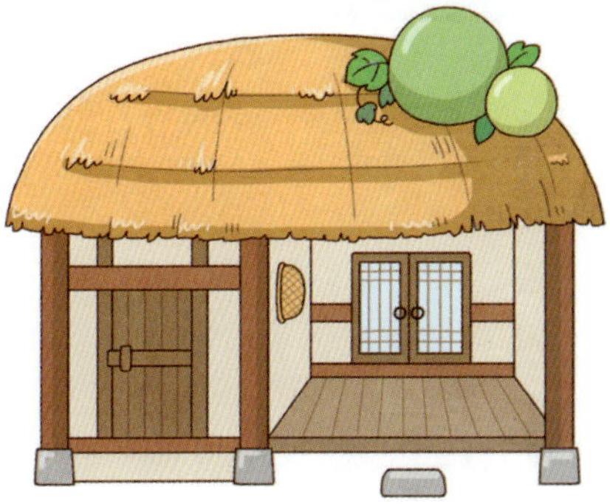

(3) ☐ ☐ ☐

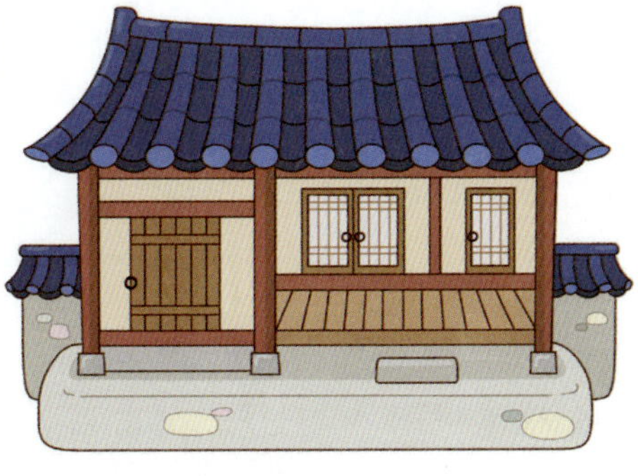

(4) ☐ ☐ ☐

기후

기운 氣 + 기후 候

기온, 비, 눈, 바람 등의 기상 상태. 일정한 지역에서 여러 해에 걸쳐 나타난 평균적인 날씨.

예 환절기에는 **기후**의 변화가 심하다.

친절한샘 여러분은 4월 22일 '지구의 날'을 아세요? '지구의 날'은 지구의 환경을 보호하기 위해 제정한 세계 기념일이에요. 기후 위기를 막기 위해 10분간 소등하기, 가까운 거리는 걷기, 일회용품 사용 안 하기 등 다양한 운동을 벌이고 있답니다.

폭우

사나울 暴 + 비 雨

갑자기 세차게 쏟아지는 비.

예 어젯밤 **폭우**로 강물이 불어났다.

친절한샘 짧은 시간 동안에 좁은 지역에 많은 양의 비가 내리는 것을 '집중 호우'라고 해요. 굵고 거세게 내리는 비는 '장대비, 작달비'로 표현하기도 하지요. 오랜 시간 내리는 많은 양의 비는 '호우'라고 해요.

꽃샘추위

이른 봄, 꽃이 필 무렵의 추위. 꽃이 피는 것을 시샘하는 듯한 추위를 말하는 순우리말.

예 **꽃샘추위**가 시작되어 찬바람에 배꽃이 얼었다.

친절한샘 보통 2월에서 4월까지를 꽃샘추위 기간으로 볼 수 있어요. '꽃샘추위는 꾸어다 해도 한다'라는 속담이 있어요. 이 말은 '꽃샘추위'는 꼭 있다는 뜻이에요.

해일

바다 海 + 넘칠 溢

갑자기 바닷물이 크게 일어서 육지로 넘쳐 들어오는 것.

예 지진으로 인해 일어난 **해일**은 순식간에 도시를 물바다로 만들었다.

친절한샘 '해일'에는 태풍이나 강풍으로 인한 '폭풍 해일'과 지진이나 화산 폭발로 인한 '지진 해일'이 있어요. '지진 해일'은 '쓰나미'라고도 하는데, 우리나라의 해일은 대부분이 '폭풍 해일'이에요.

서리

공기 중의 수증기가 땅 위의 물체 겉에 얼어붙은 것.

예 날씨가 쌀쌀해지더니 어젯밤에는 **서리**가 하얗게 내렸다.

친절한샘 가을의 마지막 절기인 '상강'은 '서리가 내린다.'라는 뜻을 가지고 있어요. 땅 위에 내리는 서리와 달리 날씨가 추운 겨울날 창문이나 벽 등에 수증기가 얼어붙은 것은 '성에'라고 해요.

습도

축축할 濕 + 법도 度

공기 중에 수증기가 들어 있는 정도.

예 가습기와 식물은 건조한 실내의 **습도**를 조절해 준다.

친절한샘 습도가 낮으면 공기가 건조해서 목이 따끔거리기도 해요. 습도를 높이는 데에는 수증기를 발생시켜 습도를 조절해 주는 **가습기** 틀기, 빨래 널어 두기, 화분이나 꽃병 두기가 좋은 방법이에요. 그러나 습도가 너무 높으면 곰팡이가 생기기 쉬워요.

기온

기운 氣 + 따뜻할 溫

대기의 온도. 공기가 얼마나 차가운지, 또는 더운지를 숫자로 나타낸 것.

예 일기 예보를 들으니 오늘 낮 **기온**이 많이 오른대요.

친절한 샘 온도계는 여러 종류가 있어요. 그중 공기의 온도를 재는 기구를 '**기온계**'라고 해요. '기온계'에는 '알코올 온도계'와 '수은 온도계'가 있어요. 땅속의 온도를 재는 온도계는 '지중 온도계'라고 해요.

강수량

내릴 降 + 물 水 + 헤아릴 量

일정한 기간 동안 일정한 곳에 비, 눈, 우박, 안개 등이 내려 생기는 물의 총량. 단위는 mm.

예 이 지역은 **강수량**이 적어서 매우 건조하다.

친절한 샘 순수하게 눈의 양만을 나타내는 '**강설량**'과 순수하게 비의 양만을 나타내는 '**강우량**'을 모두 포함한 것이 '강수량'이에요.

어휘 더하기

정답과 해설 17쪽

곡식, 가루, 액체의 부피를 잴 때 쓰는 단위

석

한 석은 한 말의 열 배. 약 180L(리터)　비슷한말 섬, 점
예 그는 일 년에 쌀이 만 석 정도 나올 만큼의 많은 논을 가진 큰 부자였지요.

말

한 말은 한 되의 열 배. 약 18L(리터)　비슷한말 두
예 쌀 두 말, 보리 서 말

되

한 되는 한 홉의 열 배. 약 1.8L(리터)
예 쌀 한 되, 막걸리 한 되, 콩 넉 되

홉

한 홉은 한 되의 10분의 1배. 약 180ml(밀리리터)
예 보리쌀 두 홉

부피를 잴 때 쓰는 그릇도 있답니다.

- 섬: 곡식을 담기 위해 짚으로 엮어 만든 그릇
- 말: 둥근 기둥 모양의 나무 그릇

- 되: 네모난 그릇

10배　　10배　　10배
홉 → 되 → 말 → 석

'되로 주고 말로 받는다'라는 속담은 조금 주고 그 대가로 몇 곱절이나 많이 받는 경우를 말해요.

다음 빈칸에 들어갈 알맞은 말을 써 보세요.

쌀 한 말을 채우려면 (　　) 되의 쌀을 부어야 합니다.

241025-0098

1 아래 보물 상자에서 글자 카드를 골라 다음의 뜻을 가진 낱말을 써 보세요.

1 ☐☐ : 갑자기 세차게 쏟아지는 비.

2 ☐☐ : 공기 중에 수증기가 들어 있는 정도.

241025-0099

2 다음 낱말 풀이를 보고 빈칸에 들어갈 말을 쓰세요.

☐☐추위: 이른 봄, 꽃이 필 무렵에 찾아오는 추위. 꽃이 피는 것을 시샘하는 듯한 추위를 말하는 순우리말.

241025-0100

3 다음에서 설명하는 낱말을 안내문에서 찾아 쓰세요.

☐☐ : 갑자기 바닷물이 크게 일어서 육지로 넘쳐 들어오는 것을 말해요.

241025-0101

4 다음 뜻풀이를 보고 빈칸에 들어갈 알맞은 낱말을 <보기>에서 찾아 쓰세요.

보기

상강   서리   성에   폭풍 해일   집중 호우

1 ⬜⬜
⇨ 공기 중의 수증기가 땅 위의 물체 겉에 얼어붙은 것.

2 ⬜⬜
⇨ 가을의 마지막 절기.

3 ⬜⬜
⇨ 날씨가 추운 겨울날, 창문이나 벽 등에 수증기가 얼어붙은 것.

4 ⬜⬜⬜⬜
⇨ 짧은 시간 동안에 좁은 지역에 많은 양의 비가 내리는 것.

241025-0102

5 다음 낱말에 대한 뜻풀이를 찾아 선으로 바르게 이어 보세요.

1 기온 •

2 강수량 •

• ㉠ 일정한 기간 동안 일정한 곳에 비, 눈, 우박, 안개 등이 내려 생기는 물의 총량.

• ㉡ 공기 중에 수증기가 들어 있는 정도.

• ㉢ 대기의 온도. 공기가 얼마나 차가운지, 또는 더운지를 숫자로 나타낸 것.

1~3 다음 글을 읽고 물음에 답해 보세요.

"오늘 ㉠기후를 알려 드리겠습니다. 지금 서울 경기와 강원 동해안에는 폭우가 내리고 있습니다. 한두 시간 이내에는 충남과 호남에도 비가 내리겠습니다. 이번 비는 지역별로 강수량의 차이가 클 것으로 예상됩니다. 오늘 낮 기온은 서울이 27도, 전주와 대전 28도, 부산 20도가 예상됩니다."
엄마와 함께 일기 예보를 들은 현우는 낯선 단어들이 궁금해졌다.
"엄마, 폭우는 지금처럼 비가 엄청 많이 오는 것을 말하죠? 그런데 강수량은 뭐예요?"
"(㉡   )을/를 말해. 강수량의 '수'는 한자로 '물 수(水)'란다. 우리 현우가 날씨에 관한 단어에 관심이 많구나. 엄마가 문제를 하나 낼게. 오늘처럼 갑자기 비가 많이 오는 것을 폭우라고 하면 겨울철에 눈이 엄청 많이 내리는 것은 뭐라고 할까?"
"폭눈? 이것은 아닌 것 같은데……. 잘 모르겠어요."
"'폭우'의 '우'는 한자로 '비 우(雨)'란다. 그렇다면 눈을 나타내는 한자 기억나니? 그 글자를 붙여서 생각해 봐." / "아! 폭설!"
"그래, 맞아. 그럼 하나만 더 맞혀 볼래? 지난봄에 꽃이 피어서 이젠 정말 봄인가 보다 생각했는데 갑자기 겨울처럼 추위가 몰려왔던 것 기억나지? 그런 추위를 뭐라고 할까?"
"(㉢)!" / "와, 잘 알고 있구나!"
"기억이 났어요. 그때 봄꽃이 피는 것을 시샘하느라 찾아온 추위라고 들었어요."

241025-0103

1 ㉠을 바르게 고치기 위해 떠올린 생각입니다. 주어진 초성을 참고하여 알맞은 말을 써 보세요.

> 그날그날의 기온이나 공기 중에 비, 구름, 바람, 안개 등이 나타나는 상태를 뜻하니까 ㄴ ㅆ
>
> (으)로 고쳐야 해. 기후는 일정한 지역에서 여러 해에 걸쳐 나타난 평균적인 ㄴ ㅆ 을/를 뜻해.

241025-0104

2 ㉡에 들어갈 내용으로 알맞은 것은 무엇인가요?

① 일정 지역에 있는 물의 전체 양
② 지구를 둘러싸고 있는 모든 공기의 온도
③ 일정 기간 동안 일정한 곳에 내린 비의 양
④ 일정한 기간 동안 일정한 곳에 내린 눈의 양
⑤ 일정한 기간 동안 일정한 곳에 비나 눈 등이 내려 생기는 물의 양

241025-0105

3 윗글의 내용을 고려할 때, ㉢에 들어갈 알맞은 말을 써 보세요.

정답과 해설 17쪽

순우리말로 된 비의 이름에는 어떤 것들이 있을까요?

빈칸에 들어갈 알맞은 말을 <보기>에서 찾아 써 보세요.

보기

여우비 이슬비 보슬비 채찍비 장대비 봄비 먼지잼 건들장마 작달비 억수 소나기 는개 단비

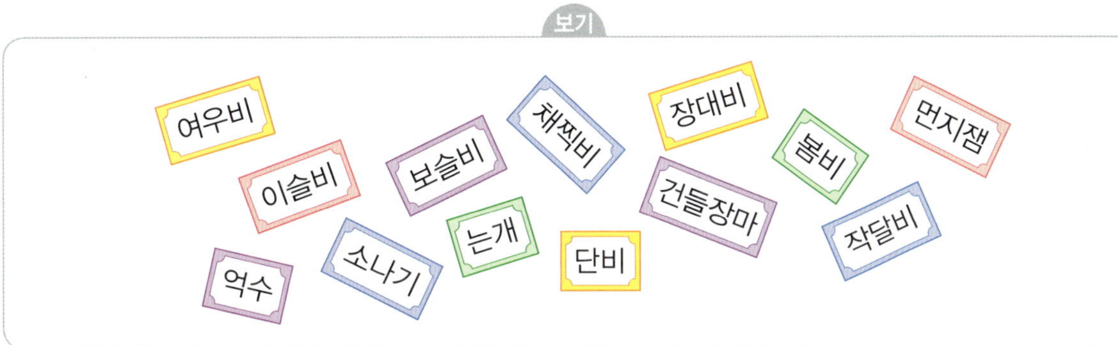

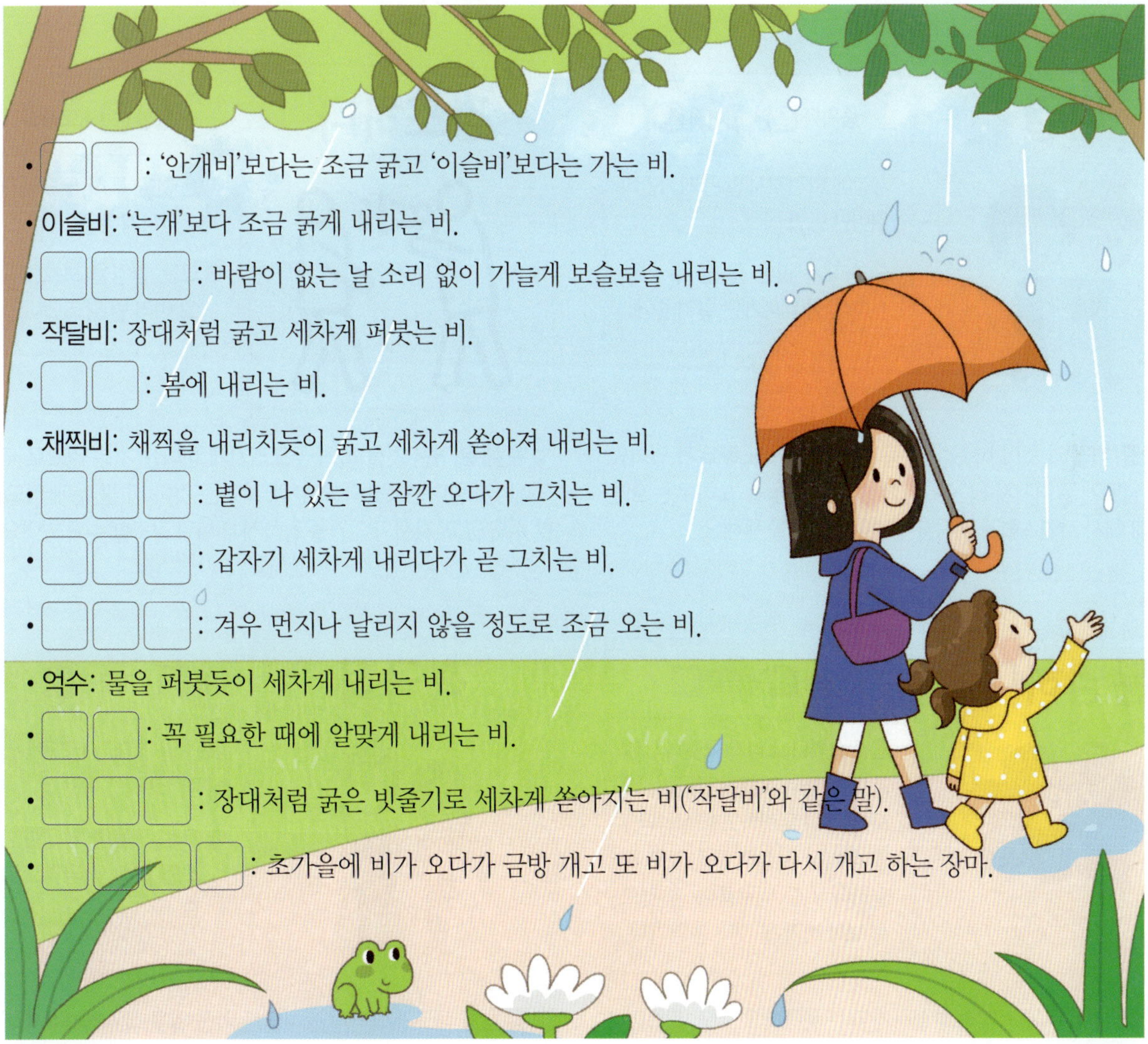

- □□: '안개비'보다는 조금 굵고 '이슬비'보다는 가는 비.
- 이슬비: '는개'보다 조금 굵게 내리는 비.
- □□□: 바람이 없는 날 소리 없이 가늘게 보슬보슬 내리는 비.
- 작달비: 장대처럼 굵고 세차게 퍼붓는 비.
- □□: 봄에 내리는 비.
- 채찍비: 채찍을 내리치듯이 굵고 세차게 쏟아져 내리는 비.
- □□□: 볕이 나 있는 날 잠깐 오다가 그치는 비.
- □□□: 갑자기 세차게 내리다가 곧 그치는 비.
- □□□: 겨우 먼지나 날리지 않을 정도로 조금 오는 비.
- 억수: 물을 퍼붓듯이 세차게 내리는 비.
- □□: 꼭 필요한 때에 알맞게 내리는 비.
- □□□: 장대처럼 굵은 빗줄기로 세차게 쏟아지는 비('작달비'와 같은 말).
- □□□□: 초가을에 비가 오다가 금방 개고 또 비가 오다가 다시 개고 하는 장마.

다른 사람을 보고 배워요

유익하다

있을 有 + 더할 益

이롭거나 도움이 될 만하다.

예 음식을 골고루 먹는 것이 건강에 **유익하다**.

친절한 샘 '유익하다'에서 '유(有)'는 '있다'라는 뜻을 가진 말이에요. '유(有)' 대신 '없다'라는 뜻을 가진 '무(無)'라는 글자가 더해지면 '**무익하다**'가 되는데, 이는 이롭거나 도움이 될 것이 없다는 뜻으로 '유익하다'와 뜻이 반대되는 말이에요.

성취하다

이룰 成 + 나아갈 就

목적한 것을 이루다.

예 꿈을 **성취**하기 위해서는 많은 노력이 필요합니다.

친절한 샘 '목적'은 이루려고 하는 일이나 나아가고자 하는 방향을 뜻해요. 이렇게 목적한 것을 이뤘을 때 우리는 무엇을 성취했다고 하지요. '**달성하다**' 역시 '목적한 것을 이루다.'라는 뜻을 가진 낱말이에요.

비결

숨기다 祕 + 헤어질 訣

세상에 알려지지 않은 자기만의 뛰어난 방법.

예 수학 시험을 잘 볼 수 있는 **비결**을 너에게만 알려 줄게.

친절한 샘 '비결'과 뜻이 비슷한 말 중에는 '**비법**'과 '**노하우**'가 있어요. '비법'은 남에게 알려지지 않은 특별한 방법을 뜻해요. '노하우'는 어떤 일을 오래 해서 자연스럽게 터득한 방법이나 요령을 뜻해요.

강조하다

강할 強 + 고를 調

어떤 것을 특히 두드러지게 하거나 강하게 주장하다.

예 그는 환경을 보호해야 한다고 여러 번 **강조했다**.

친절한 샘 어떤 것을 특히 두드러지게 한다는 것은 겉으로 뚜렷하게 드러나게 한다는 뜻이에요. 눈에 보이는 것이 더 잘 눈에 띄도록 강조할 수도 있고, 자신의 의견을 강하게 내세워 강조할 수도 있어요.

분명하다

나눌 分 + 밝을 明

① 모습이나 소리가 흐릿하지 않고 또렷하다. / ② 행동이나 태도, 성격이 뚜렷하고 확실하다. / ③ 어떠한 사실이 틀림없고 확실하다. / 예 먹구름이 낀 것으로 보아 비가 올 것이 **분명하다**.

친절한 샘 '분명'은 '틀림없이 확실하게.'라는 뜻이에요. 어떤 모습이나 소리, 행동, 태도, 성격, 사실이 틀림없이 확실할 때 '분명하다'고 해요. 반대로 모습, 소리 등이 흐릿하여 분명하지 않을 땐 '**불분명하다**'고 해요.

적극적

쌓을 積 + 지극할 極 + 과녁 的

어떤 일에 대한 태도에 있어 자발적이고 긍정적인 것.

예 그는 도움이 필요한 사람을 보면 항상 **적극적**으로 나서요.

친절한 샘 태도가 적극적인 사람은 어떤 일을 할 때 남이 시키지 않아도 스스로 해요. 반대로 '**소극적**'인 사람은 스스로 하려는 의지가 부족하고 활동적이지 않아요. 우리 친구들도 적극적인 사람이 되어야겠죠?

간절하다

정성 愁 + 끊을 切

① 정성이나 마음 등이 아주 지극하다.
② 무엇을 바라는 마음이 아주 강하다.
예 램프의 요정은 그의 **간절한** 소원을 들어주었어요.

친절한 샘 무엇을 바라는 마음이 몹시 간절하다는 뜻을 가진 관용어 중 '**굴뚝같다**'라는 말이 있어요. 노래를 잘하고 싶은 마음이 굴뚝같다는 것은 노래를 잘하고 싶은 마음이 몹시 간절하다는 뜻이에요.

개성

낱 個 + 성품 性

다른 것과 구별되는 고유의 특성.
예 사람은 외모도, 성격도 저마다의 **개성**을 가지고 있습니다.

친절한 샘 이야기나 드라마, 영화에는 자신만의 특별한 성질을 가진 다양한 인물이 등장하고, 이러한 개성 넘치는 인물 덕분에 작품을 더 재미있게 감상할 수 있어요. 이와는 반대로 여럿이 각각의 특성 없이 모두 거의 비슷한 것은 '**천편일률(千篇一律)**'적이라고 해요.

어휘 더하기

정답과 해설 18쪽

한자 '진(進)'이 들어간 한자어 배우기

'진(進)'은 꼬리가 짧은 새[隹]가 앞으로 가는[辶] 모습을 본떠 만들어진 한자예요. 그래서 '진(進)'은 '나아가다'의 뜻을 가지고 있어요.

'진(進)'이 들어간 말 가운데 '직진'은 앞으로 곧게 나아가는 것을 뜻해요. '승진'은 직장에서 지금보다 더 높은 자리에 오르는 것이에요. '진행'은 앞으로 나아가거나 일 등을 계속해서 해 나간다는 뜻이에요. '선진국'은 다른 나라보다 정치, 경제, 문화 등의 발달이 앞선 나라를 가리키는 말이에요.

다음 문장에서 알맞은 낱말을 골라 ○표 하세요.

(1) 학교 앞에 횡단보도를 만드는 일의 (직진 / 진행)이 늦어져서 학생들이 불편을 겪었다.
(2) 우리 가족은 아버지의 (승진 / 선진국)을 축하하기 위해 한자리에 모였다.

241025-0106

1 다음 빈칸에 들어갈 수 있는 낱말끼리 바르게 묶인 것은 무엇인가요?

① 비결, 비법
② 비결, 개성
③ 비결, 목적
④ 비법, 개성
⑤ 비법, 목적

241025-0107

2 뜻이 서로 반대되는 말끼리 묶인 것을 모두 고른 것은 무엇인가요?

> ㉠ 성취하다 – 달성하다
> ㉡ 유익하다 – 무익하다
> ㉢ 분명하다 – 불분명하다
> ㉣ 적극적 – 소극적

① ㉠, ㉡   ② ㉡, ㉢   ③ ㉠, ㉢, ㉣
④ ㉡, ㉢, ㉣   ⑤ ㉠, ㉡, ㉢, ㉣

241025-0108

3 빈칸에 공통으로 들어갈 말을 주어진 초성을 참고하여 써 보세요.

> • 무대 위에서 대사를 연기하는 배우의 목소리가 □□□□.
> • 나는 어른이 되어 이루고 싶은 목표가 □□□□.
> • 오늘 밤늦게까지 텔레비전을 보고 있는 것을 보니 내일 늦잠을 잘 것이 □□□□.

ㅂ ㅁ ㅎ ㄷ

241025-0109

4 다음 중 말 또는 행동이 밑줄 친 낱말과 어울리는 사람은 누구인가요?

> 우리 형은 모든 일에 있어서 <u>적극적</u>이다.

① 승재: 친구들 앞에서 발표하는 게 쑥스러워.

② 은영: 나는 선생님이 시키실 때만 자리 주변을 청소해.

③ 현호: 처음 만난 친구에게 먼저 말을 거는 것이 어려워.

④ 영서: 팔을 다친 친구를 위해 먼저 다가가 말을 걸며 가방을 들어 주었어.

⑤ 윤선: 친구들 앞에서 노래를 부를 때 목소리가 너무 작다는 말을 자주 들었어.

241025-0110

5 '진(進)'이 들어간 낱말의 뜻과 어울리는 낱말을 찾아 선으로 바르게 이어 보세요.

1 앞으로 곧게 나아감. ・ ・ ㉠ 승진

2 다른 나라보다 정치, 경제, 문화 등의 발달이 앞선 나라. ・ ・ ㉡ 선진국

3 직장에서 지금보다 더 높은 자리에 오름. ・ ・ ㉢ 직진

241025-0111

6 다음 만화의 ㉠~㉢에 들어갈 가장 알맞은 말을 〈보기〉에서 찾아 써 보세요.

보기

| 유익한 | 성취한 | 강조한 | 비결 | 적극적으로 | 간절하게 | 개성 |

1~3 다음 글을 읽고 물음에 답해 보세요.

여러분은 위인전을 읽어 본 적이 있나요? '위인'은 뛰어난 업적을 세우거나 훌륭한 삶을 산 사람을 뜻하는데 '위인전'은 이런 사람들의 업적과 삶을 적은 글이나 책이에요. 항상 그런 것은 아니지만 위인전의 제목에는 책의 주인공인 위인의 이름이 들어가는 경우가 많아요. 그렇다면 우리가 위인전을 읽어야 하는 까닭은 무엇일까요?

위인전을 읽으면 인물에게서 본받을 점을 찾을 수 있어 유익해요. 힘든 상황 속에서도 (㉠) 마음으로 목표를 성취하기 위해 노력한 모습에서 포기하지 않는 끈기를 배울 수 있어요. 태어난 시대도, 직업도, 성격도 달라 저마다의 개성을 가진 여러 위인을 보며 그들이 훌륭한 삶을 살 수 있었던 비결이 무엇인지 생각해 볼 수도 있어요. 그리고 이렇게 위인으로부터 본받을 점을 배우려고 노력하다 보면 나의 몸과 마음도 한층 더 성장하게 돼요.

이순신, 유관순, 세종 대왕, 나이팅게일 등 수많은 위인 중 우리 친구들이 가장 닮고 싶은 인물은 누구인가요? 내가 그 인물처럼 멋진 어른이 되는 상상을 해 봅시다. 학교와 가정에서 밝은 마음을 가지고 생활하며 모든 일에 적극적으로 노력한다면 언젠가는 여러분도 분명히 좋아하는 위인만큼 훌륭한 사람이 될 수 있을 거예요.

241025-0112

1 윗글에서 설명한 '위인'과 '위인전'에 대한 설명으로 옳지 <u>않은</u> 것은 무엇인가요?

① 여러 위인은 저마다의 개성을 가지고 있다.

② 위인전을 읽으면 본받을 점을 찾을 수 있어 도움이 된다.

③ 위인전의 제목에는 항상 주인공인 위인의 이름만 들어간다.

④ 위인을 본받으려 노력하다 보면 나의 몸과 마음도 성장하게 된다.

⑤ 뛰어난 업적을 세우거나 훌륭한 삶을 산 사람을 '위인'이라고 한다.

241025-0113

2 다음에서 설명하는 것이 무엇인지 아래 빈칸에 알맞은 말을 써 보세요.

> 뛰어난 업적을 세우거나 훌륭한 삶을 산 사람의 업적과 삶을 적은 글이나 책.

241025-0114

3 다음의 낱말 뜻을 참고하여 ㉠에 들어갈 말을 골라 보세요.

> ① 정성이나 마음 등이 아주 지극하다.　　② 무엇을 바라는 마음이 아주 강하다.

① 유익한　　　　　② 성취한　　　　　③ 강조한

④ 간절한　　　　　⑤ 적극적인

💬 피할 수 없는 자연 현상으로 받게 되는 피해를 '자연재해'라고 해요. 우리나라에서 발생하는 여러 가지 자연재해에는 어떤 것들이 있는지 알아볼까요?

'지진'은 화산 활동이나 땅속의 큰 변화 때문에 땅이 흔들리는 현상을 뜻해요.

'가뭄'은 오랫동안 비가 오지 않는 날씨를 뜻해요.

'홍수'는 비가 많이 내려서 갑자기 크게 불어난 강이나 개천의 물을 뜻해요.

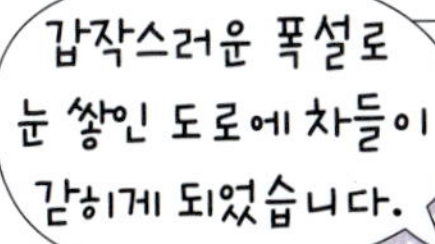

'폭설'은 갑자기 많이 내리는 눈을 뜻해요.

'폭염'은 아주 심한 더위를 뜻해요.

'한파'는 겨울철에 갑자기 기온이 내려가 날씨가 추워지는 것을 뜻해요.

 다음 그림 속 상황과 관련 있는 자연재해를 〈보기〉에서 찾아 써 보세요.

보기

| 지진 | 가뭄 | 홍수 | 폭설 | 폭염 | 한파 |

우리 지역의 생활 모습

고장

사람들이 사는 일정한 지역.

㉲ 친구에게 우리 **고장**의 특산품을 선물했다.

친절한샘 우리 고장에도 유명한 특산품이 있나요? 고장마다 고장의 환경에 맞는 특산품이 있어요. '고장'의 이름을 '**지명**'이라고 해요. '**지명**'에는 고장과 관련된 옛이야기가 담겨 있기도 해요. 고장과 비슷한 낱말에는 '**지방, 지역**'이 있어요.

장터

사람들이 모여 물건을 사고파는 장이 서는 곳.

㉲ 오늘은 우리 동네에서 농산물 직거래 **장터**가 열린다.

친절한샘 '**직거래 장터**'는 물건을 팔 사람과 살 사람이 중간에서 도와주는 사람을 거치지 않고 직접 거래하는 장터를 말해요. 직거래 장터를 이용하면 물건을 파는 사람은 제값에 팔 수 있고, 사는 사람은 더 싼값에 살 수 있는 장점이 있어요.

여가

남을 餘 + 겨를 暇

일을 하지 않는 시간. 또는 일을 하는 중간에 생기는 여유로운 시간.

㉲ 이번 주말에는 **여가** 활동을 즐기려고 한다.

친절한샘 여가 활동에는 낚시, 등산 등 자연 그대로의 환경인 '**자연환경**'을 이용해서 하는 여가 활동도 있고, 인간에 의해 만들어진 '**인문 환경**'을 이용한 영화 감상, 수영장에서 수영 등의 여가 활동도 있어요.

의식주

옷 衣 + 먹을 食 + 살 住

인간 생활의 기본 요소인 옷과 음식과 집.

㉲ 환경에 따라 **의식주**가 달라진다.

친절한샘 의식주 중 사람이 입는 일이나 입는 옷에 관한 생활은 '**의생활**', 음식을 먹는 일이나 음식과 관련된 생활은 '**식생활**', 사람이 사는 집이나 사는 곳에 관한 생활은 '**주생활**'이라고 해요.

소식

꺼질 消 + 숨쉴 息

멀리 떨어져 있거나 자주 만나지 않는 사람의 사정이나 상황을 알리는 말이나 글.

㉲ **소식**이 끊겼던 친구를 우연히 만나 이야기를 나누었다.

친절한샘 소식이나 연락이 전혀 없는 것을 '**감감소식**' 또는 '**감감무소식**'이라고 해요. 소식이 없는 것은 잘 지내고 있다는 뜻이라는 '**무소식이 희소식이다**'라는 속담도 있어요.

통신

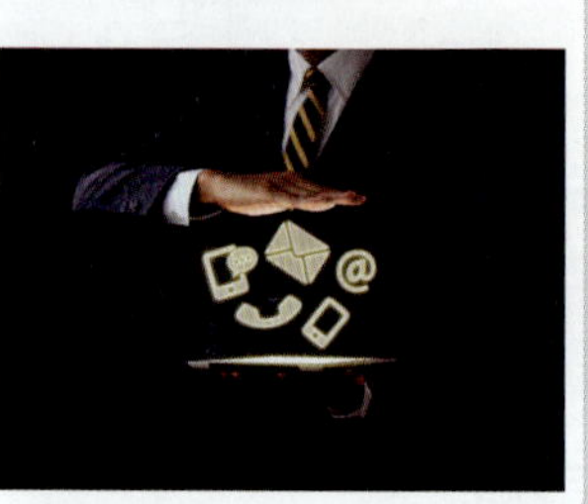

통할 通 + 믿을 信

우편이나 전신, 전화 등으로 정보나 소식 등을 전달함.

㉲ 봉화는 옛날에 사용하던 **통신** 수단 중 하나이다.

친절한샘 정보나 소식 등을 전달하는 방법이나 도구를 '**통신 수단**'이라고 해요. 오늘날에는 통신의 발달로 쉽고 빠르게 소식을 전할 수 있죠.

교통수단

사귈 交 + 통할 通 + 손 手 + 구분 段

차, 기차, 배, 비행기 등과 같이 사람이나 짐을 실어 나르는 수단.

예 이번 여행의 **교통수단**은 기차이다.

친절한샘 '교통'은 자동차, 기차, 배, 비행기 등의 탈것을 이용하여 사람이나 짐이 오고 가는 일을 뜻하고, '**수단**'은 어떤 목적을 이루기 위하여 쓰는 방법이나 도구를 뜻해요. '**대중교통**'은 버스나 지하철과 같이 여러 사람이 이용하는 교통수단을 말해요.

의사소통

뜻 意 + 생각 思 + 소통할 疏 + 통할 通

생각이나 말 등이 서로 통함.

예 **의사소통**을 할 때 몸짓이나 표정도 중요하다.

친절한샘 의사소통에서 말하는 사람을 '화자'라고 하고, 듣는 사람을 '청자'라고 해요. 의사소통을 할 때는 말의 내용도 중요하지만, 말의 느낌을 나타내는 목소리의 크기, 빠르기, 높낮이, 말투, 몸짓이나 표정도 중요해요.

어휘 더하기

정답과 해설 20쪽

한자 '통(通)' 알아보기

'통할 통(通)'은 '辶(쉬엄쉬엄 갈 착)'과 '甬(길 용)'이 합쳐진 한자로, '통하다'라는 뜻이 있어요. 일상생활에서도 '통'이 들어가는 말을 많이 사용해요. '소통, 유통 기한, 통과, 통장, 통화'에 들어가는 '통'이 모두 '통할 통(通)'이에요.

통과(通過)
어떤 장소나 때를 거쳐서 지나감.

통풍(通風)
바람이 통함.

통행(通行)
어떤 곳을 지나다님.

통할
통(通)

통역(通譯)
서로 다른 나라 말을 사용하는 사람들 사이에서 뜻이 통하도록 말을 옮겨 줌.

통로(通路)
지나다닐 수 있게 낸 길.

빈칸에 들어갈 말로 알맞은 것을 쓰세요.

(1) (　　　): 어떤 곳을 지나다님.

(2) (　　　): 서로 다른 나라 말을 사용하는 사람들 사이에서 뜻이 통하도록 말을 옮겨 줌.

241025-0115

1 다음 낱말의 뜻으로 알맞은 것을 〈보기〉에서 찾아 기호를 쓰세요.

〈보기〉

㉠ 인간 생활의 기본 요소인 옷과 음식과 집.

㉡ 일을 하지 않는 시간.

㉢ 멀리 떨어져 있거나 자주 만나지 않는 사람의 사정이나 상황을 알리는 말이나 글.

1 소식 (　　　)　　　**2** 의식주 (　　　)　　　**3** 여가 (　　　)

241025-0116

2 다음 밑줄 친 낱말의 뜻으로 알맞은 것은 무엇인가요?

준서: 형, 미국 사람하고 만나서 이야기도 할 수 있어?

시윤: 영어를 잘 몰라도 몸짓으로 의사소통할 수 있어.

준서: 의사소통 방법은 여러 가지구나.

① 주장을 함.

② 몸을 움직이는 모양.

③ 생각이나 말 등이 통함.

④ 병을 진찰하고 치료함.

⑤ 산소를 압축해서 담아 놓은 통.

241025-0117

3 가로 열쇠와 세로 열쇠를 바탕으로 십자말풀이에 들어갈 알맞은 말을 써 보세요.

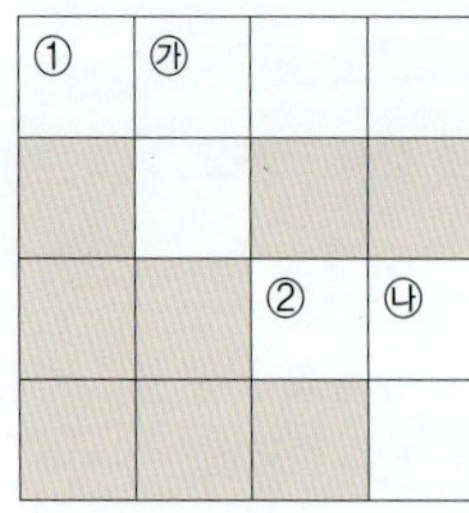

[가로 열쇠]

① 차, 기차, 배, 비행기 등과 같이 사람이나 짐을 실어 나르는 수단.

② 사람들이 사는 일정한 지역.

[세로 열쇠]

㉠ 우편이나 전신, 전화 등으로 정보나 소식 등을 전달함.

㉡ 사람들이 모여 물건을 사고파는 장이 서는 곳.

241025-0118

4 다음 밑줄 친 부분과 관련된 낱말을 오른쪽에서 찾아 선으로 바르게 이어 보세요.

1 오늘은 공연을 위해서 <u>한복</u>을 입었다. •

2 점심에는 <u>비빔밥</u>을 먹었다. •

3 전통 <u>한옥</u> 구조를 조사했다. •

• ㉠ 의생활

• ㉡ 식생활

• ㉢ 주생활

241025-0119

5 다음 빈칸에 공통으로 들어갈 글자를 쓰세요.

> ☐ 신: 우편이나 전신, 전화 등으로 정보나 소식 등을 전달함.
>
> ☐ 로: 지나다닐 수 있게 낸 길.
>
> ☐ 과: 어떤 장소나 때를 거쳐서 지나감.

241025-0120

6 다음 만화의 ㉠~㉢에 들어갈 알맞은 말을 〈보기〉에서 찾아 써 보세요.

보기

| 의생활 | 주생활 | 통과 | 장터 | 교통수단 | 고장 |

1~3 다음 글을 읽고 물음에 답해 보세요.

봉자는 우리 ㉠고장의 옛날 모습이 궁금해져서 옛날 우리 고장으로 갈 수는 없을까 생각했다. 그러자 갑자기 주변이 어두워지면서 기차가 봉자 앞으로 오는 게 아닌가. 봉자는 자기도 모르게 기차를 탔다. 기차는 큰 소리를 내며 빠르게 움직이더니 어딘가에 도착했다.

"이 ㉡장터에는 없는 게 없어. 먹고 싶은 게 있으면 골라 보셔."

봉자가 오고 싶었던 옛날 우리 고장의 장터에 도착한 게 아닌가!

봉자는 신이 나서 옛 우리 고장을 여행했다. 지금과는 ㉢의식주 모두 달라 보였다. 주변을 돌아다니다 보니 투호 놀이를 하는 아이들도 볼 수 있었다. 교과서에서만 배우던 옛날의 ㉣여가 활동을 직접 눈으로 보니 신기했다. 저녁이 되니 봉자는 배가 고파졌다. 그리고 ㉤소식이 없는 봉자를 걱정하고 계실 부모님 생각에 집으로 돌아가고 싶었다. 그러나 어떻게 가야 할지 몰랐다. 막막해진 봉자는 결국 지쳐 쓰러졌다.

"봉자야, 어서 일어나렴. 아침이야. 학교에 가야지." / 봉자는 어리둥절해하며 옛 고장의 여행이 꿈이었음을 깨닫고 부모님께 주절주절 어젯밤 꿈에 대해 이야기했다.

241025-0121

1 윗글의 봉자가 꿈속에서 경험한 일이 <u>아닌</u> 것은 무엇인가요?

① 기차를 탔다.
② 장터에서 음식을 샀다.
③ 옛 우리 고장을 여행했다.
④ 지금과는 다른 의식주를 보았다.
⑤ 투호 놀이를 하는 아이들을 보았다.

241025-0122

2 글의 내용을 바르게 이해한 친구의 이름을 쓰세요.

241025-0123

3 윗글의 ㉠~㉤의 뜻으로 적절하지 <u>않은</u> 것은 무엇인가요?

① ㉠ 고장: 기계나 장치 등이 제대로 작동하지 않음.
② ㉡ 장터: 사람들이 모여 물건을 사고파는 장이 서는 곳.
③ ㉢ 의식주: 인간 생활의 기본 요소인 옷과 음식과 집.
④ ㉣ 여가: 일을 하지 않는 시간. 또는 일을 하는 중간에 생기는 여유로운 시간.
⑤ ㉤ 소식: 멀리 떨어져 있거나 자주 만나지 않은 사람의 사정이나 상황을 알리는 말이나 글.

다음 만화를 보고, 밑줄 친 속담의 뜻을 추측하여 말해 보세요.

✏ **'금강산도 식후경이다'**

아무리 재미있는 일이라도 배가 불러야 흥이 난다는 뜻이에요.

비슷한 속담으로는 '아무리 재미있는 꽃구경이라도 배가 부른 다음의 일'이라는 뜻의 '꽃구경도 식후사'가 있어요.

✏ 띄어쓰기에 유의하며 위 속담을 원고지 칸에 써 보세요.

활동 다음 속담 중에서 '금강산도 식후경이다'와 비슷한 의미의 속담을 찾아 □ 안에 ✔표 하세요.

□ ㉠ 꽃구경도 식후사

□ ㉡ 누워서 떡 먹기

□ ㉢ 그 나물에 그 밥

□ ㉣ 밥 안 먹어도 배부르다

241025-0124

1 제시된 뜻에 해당하는 낱말을 〈보기〉에서 찾아 써 보세요.

〈보기〉

하천   특산물   전통   일주

1 어떤 집단이나 공동체에서 지난 시대부터 전해 내려오면서 고유하게 만들어진 사상, 관습, 행동 등의 양식. → (   )

2 강과 시내를 아울러 이르는 말. → (   )

3 일정한 길을 따라 한 바퀴 돎. → (   )

4 어떤 지역에서 특별히 생산되는 물건. → (   )

241025-0125

2 다음 중 빈칸에 들어갈 글자가 나머지와 <u>다른</u> 것은 무엇인가요?

① □속: 백성의 문화, 풍속.

② 국□: 한 나라를 구성하는 사람.

③ 주□: 일정한 지역 안에 살고 있는 사람.

④ □변: 바다와 육지가 맞닿은 곳이나 그 근처.

⑤ □화: 옛날에, 유명한 화가가 아닌 사람이 그린 소박하고 재미있는 그림.

241025-0126

3 빈칸에 들어갈 낱말은 무엇인지 알맞은 글자를 모두 골라 ○표 하세요.

1 방학이 되면 가족과 함께 국내 또는 해외의 여행지로 □□을/를 가는 경우가 많습니다.	국 관 토 심 광
2 요즘은 사람들이 환경과 건강에 관심이 많아 주변에서 □□□ 제품을 쉽게 찾아볼 수 있습니다.	무 유 공 기 해
3 따뜻한 봄이라도 □□□□이/가 시작되면 감기에 걸리기 쉽습니다.	꽃 샘 온 추 위

241025-0127

4 밑줄 친 부분의 쓰임이나 맞춤법이 <u>틀린</u> 것은 무엇인가요?

① 식탁 위를 깨끗하게 <u>닦았습니다</u>.
② 냉장고에서 과일을 꺼내서 <u>깍아</u> 먹었습니다.
③ 지수는 꿈을 <u>성취하기</u> 위해 매사에 최선을 다했습니다.
④ <u>대장장이</u>는 쇠를 뜨겁게 하여 도구를 만드는 일을 합니다.
⑤ 우리 전통문화의 <u>계승</u>과 발전을 위해서는 제대로 된 교육이 필요합니다.

241025-0128

5 밑줄 친 낱말의 뜻으로 알맞은 것은 무엇인가요?

> 겨울철에 방 안이 건조할 때는 가습기를 틀거나 빨래를 널어 <u>습도</u>를 조절할 수 있습니다.

① 여럿을 종류에 따라서 나눔.
② 공기 중에 수증기가 들어 있는 정도.
③ 심장 박동에 따라 나타나는 동맥의 주기적인 움직임.
④ 공기 중의 수증기가 땅 위의 물체 겉에 얼어붙은 것.
⑤ 갑자기 바닷물이 크게 일어서 육지로 넘쳐 들어오는 것.

241025-0129

6 다음 빈칸에 들어갈 알맞은 낱말을 오른쪽에서 찾아 선으로 이으세요.

1 신라 시대의 대표적인 (　　　　)인 불국사에 다녀왔다.　·　　·　㉠ 침략

2 을지문덕 장군은 수나라의 (　　　　)을/를 물리치고 큰 승리를 거두었다.　·　　·　㉡ 풍습

3 정월 대보름에는 보름달을 보며 소원을 비는 (　　　　)이/가 있습니다.　·　　·　㉢ 유래

4 감기를 뜻하는 '고뿔'은 코에 불이 난 것처럼 열이 난다는 뜻에서 (　　　　)한 말입니다.　·　　·　㉣ 유적지

241025-0130

7 밑줄 친 낱말을 바르게 사용한 친구에게 ○표 하세요.

(   )   (   )

241025-0131

8 다음 글의 밑줄 친 부분에서 알 수 있는 '서아'의 마음을 나타내는 알맞은 낱말은 무엇인가요?

> 서아와 채림이는 반에서 가장 친한 친구이다. 채림이는 독감에 걸려서 한동안 학교에 나가지 못했다. 채림이가 학교에 오지 못하니 서아는 재미있는 활동을 해도 신이 나지 않았다. 서아는 채림이가 나아서 학교에 빨리 나올 수 있기를 몹시 바랐다.

① 들뜨다   ② 간절하다   ③ 내리쬐다

④ 성취하다   ⑤ 보잘것없다

241025-0132

9 제시된 낱말의 뜻은 무엇인지 알맞은 말을 골라 ○표 하세요.

1 비결: 세상에 (널리 알려진 / 알려지지 않은) 자기만의 뛰어난 방법.

2 여가: 일을 하지 않는 시간. 또는 일을 하는 (중간 / 끝)에 생기는 여유로운 시간.

3 지명: 마을이나 지방, 지역의 (모양 / 이름).

241025-0133

10 제시된 뜻에 해당하는 낱말을 글자판에서 찾아 묶고 알맞은 번호를 써 보세요.(낱말은 가로 또는 세로 방향에 숨어 있어요.)

묵	다	주	강
우	혼	례	수
국	말	강	량
토	기	전	설

1 한 나라의 주권이 미치는 땅.
2 일정한 곳에서 손님으로 머물다.
3 성인 남녀가 법적으로 부부가 됨을 알리는 의식.
4 일정한 기간 동안 일정한 곳에 비, 눈, 우박, 안개 등이 내려 생기는 물의 총량.

241025-0134

11 다음 글의 내용을 <u>잘못</u> 이해한 것은 무엇인가요?

여러분은 혹시 층간 소음, 교통 문제, 쓰레기 문제 등 여러 가지 문제에 지쳐 도시를 떠나고 싶다는 생각을 한 적이 있나요? 농촌이나 어촌과 같은 촌락으로의 귀촌으로 마음의 안정과 몸의 건강을 되찾을 수 있습니다.

○○군에 위치한 우리 ☆☆마을은 알맞은 기후 조건을 이용해 농경이 발달하여 먹거리가 풍부합니다. 뿐만 아니라 자연의 아름다움을 간직한 곳으로 도심에서는 보기 어려운 다양한 자연유산을 볼 수 있어 최근 많은 사람들의 관심을 받고 있습니다.

마을의 입구에 위치한 장승은 정확히 언제 만들어졌는지 알 수 없지만 전설이나 민담에 자주 등장하는 무서운 존재들로부터 마을을 보호하는 역할을 해 왔습니다. 장승을 지나 길 안쪽으로 걷다 보면 우리 지역의 특산물을 비롯한 여러 가지 물건을 사고파는 오일장*이 열리는 장터가 있습니다. 장이 열리는 날이면 곳곳에서 구수한 냄새가 풍기고, 사람들의 웃음소리가 마음을 여유롭게 합니다.

이처럼 장점을 말로 다 설명하기 어려울 만큼 ☆☆마을은 ○○군의 숨은 보석과도 같은 곳입니다. 9월 한 달간 진행하는 마을 축제에 직접 방문하셔서 우리 마을의 다채로운 매력을 느껴 보시기를 바랍니다.

＊**오일장**: 5일에 한 번씩 서는 장.

① ☆☆마을의 장터에서는 매일 장이 열립니다.
② ☆☆마을은 기후 조건이 알맞아 먹거리가 풍부합니다.
③ ☆☆마을에서는 다양한 자연유산을 볼 수 있습니다.
④ ☆☆마을에서 장이 열리는 날이면 곳곳에서 구수한 냄새가 풍깁니다.
⑤ ☆☆마을 입구에 위치한 장승은 마을을 보호하는 역할을 해 왔습니다.

Ⅲ

자연·과학·수학·국어

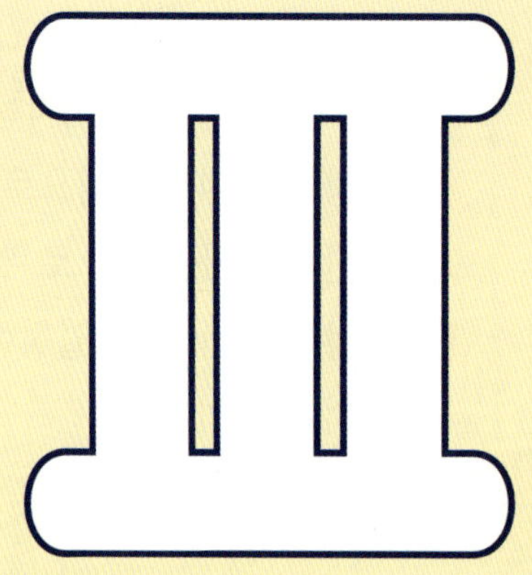

다양하게 표현해 보아요

비유

견줄 比 + 깨달을 喩

어떤 것을 효과적으로 설명하기 위하여 그것과 비슷한 다른 것에 빗대어 설명하는 일.

예 적절한 **비유**를 하니 이해가 쉽네.

친절한 샘 '달 달 무슨 달~♪ 쟁반같이 둥근달~♪'이라는 노랫말에서는 '둥근달'을 '쟁반'에 빗대어 표현했어요. '달'이 둥글다는 것을 효과적으로 표현하기 위해 '둥글다'는 공통점이 있는 '쟁반'에 빗댄 것이죠.

상징

본뜰 象 + 부를 徵

추상적인 사물이나 개념을 구체적인 사물로 나타냄. 또는 그렇게 나타낸 구체적인 사물.

예 비둘기는 평화를 **상징**한다.

친절한 샘 '평화'는 어떤 형태가 없는 것이기 때문에 '**추상적**'인 개념이라고 해요. 그래서 '평화'를 눈으로 직접 볼 수 있는 '**구체적**' 사물인 '비둘기'로 나타내었어요.

묘사

그릴 描 + 베낄 寫

어떤 대상을 있는 그대로 자세하게 말이나 글로 표현하거나 그림으로 그림.

예 화가는 실제와 똑같이 **묘사**했다.

친절한 샘 마치 그림을 그리는 것처럼 사물의 모습을 자세하게 말이나 글로 표현하는 것을 '묘사'라고 해요. '묘사'가 잘된 글은 읽기만 해도 그 대상이 눈앞에 보이는 듯한 느낌을 주지요.

설명

말씀 說 + 밝힐 明

어떤 것을 남에게 알기 쉽게 풀어 말함. 또는 그런 말.

예 선생님께서 쉽게 **설명**해 주셔서 금방 이해했어.

친절한 샘 '설명'에는 '사실'과 '의견'이 함께 담겨요. '**사실**'은 실제로 있었던 일을 뜻하고, 그 사실에 대해 자기 나름대로 판단하여 가지는 생각을 '**의견**'이라고 해요.

분류

나눌 分 + 무리 類

여럿을 종류에 따라서 나눔.

예 사탕을 맛에 따라 **분류**할 수 있다.

친절한 샘 종류가 많은 대상의 경우 일정한 기준을 정해서 나누면 그 대상에 대해 훨씬 더 이해하기 쉬워져요.

분석

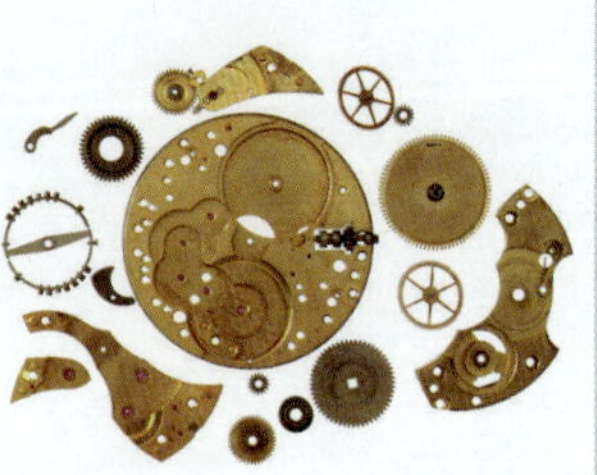

나눌 分 + 가를 析

더 잘 이해하기 위하여 어떤 현상이나 사물을 여러 요소나 성질로 나눔.

예 **분석**을 하면 사물의 특징을 잘 알 수 있어.

친절한 샘 어떤 대상의 종류를 나누는 것을 '분류'라고 한다면, 그 대상을 이루고 있는 부분들을 쪼개는 것은 '분석'이라고 해요.

도입

시작

이끌 導 + 들 入

① 지식, 기술, 물자 등을 들여옴.
② 단원 학습이나 소설 등이 본격적으로 시작하기 전의 첫 단계.
예 지난 시간에는 **도입** 부분만 공부했어요.

친절한샘 이야기의 '도입' 부분에서는 사건이 본격적으로 시작되기 전에 그 사건과 관련한 실마리가 제시돼요. '도입'을 잘 읽으면 뒤에 일어날 사건을 짐작하는 데 도움이 된답니다. 또, '**시작이 반**'이라는 말이 있듯이 글을 쓸 때에는 '도입'을 잘 시작해야 좋은 글을 쓸 수 있어요.

전개

펼 展 + 열 開

① 일을 시작하여 진행함.
② 자세한 내용이 진행되어 펼쳐져 나감.
예 내용이 **전개**될수록 흥미진진해진다.

친절한샘 본격적으로 주장이나 설명을 하거나 이야기를 펼쳐 나가는 것을 '전개'라고 해요. 주장하는 글에서는 '**본론**', 설명하는 글에서는 '**본문**'에 해당하죠.

어휘 더하기

정답과 해설 23쪽

규정에 맞게 바르게 써요

윗	vs.	웃	vs.	위
'위 : 아래' 대립 있음.		'위 : 아래' 대립 없음.		된소리, 거센소리 앞
↓		↓		↓
윗		웃		위
윗니 윗동네 …		웃돈 웃어른 …		위쪽 위층 …

'웃어른'과 '윗어른' 중 어떤 것이 맞는 말일까요?

'위'와 '아래'의 대립이 있는 명사 앞에는 '윗'을 쓰고, '위'와 '아래'의 대립이 없는 명사 앞에는 '웃'을 씁니다.

'어른'이라는 명사는 '위'는 있지만, '아래'는 있을 수 없죠? 그러니까 '웃어른'이 맞는 표현입니다. 참고로, 된소리(ㄲ, ㄸ, ㅃ, ㅆ, ㅉ)나 거센소리(ㅋ, ㅌ, ㅍ, ㅊ) 앞에서는 '위'를 쓰는 것을 원칙으로 해요.

다음 낱말 앞에 '윗', '웃', '위' 중 알맞은 것을 골라 넣으세요.

(1) ☐ 집 (2) ☐ 턱 (3) ☐ 돈

241025-0135

1 다음 문장에 공통으로 쓰인 표현 방법은 무엇인가요?

> • 봄바람은 마치 엄마의 숨결인 듯이 부드럽다.
> • 꽃이 피자 벗나무가 솜사탕처럼 하얗게 부풀어 올랐다.

① 묘사   ② 분류   ③ 비유   ④ 상징   ⑤ 설명

241025-0136

2 아래 설명에서 ㉠~㉤을 '사실'과 '의견'으로 나눌 때, '의견'에 해당하는 것은 무엇인가요?

펭귄은 펭귄과에 속하는 날지 못하는 새를 통틀어 일컫는다. ㉠크기는 40cm가량의 작은 것에서 120cm 정도의 큰 것까지 여러 종류가 있다. ㉡전 세계에 알려진 펭귄의 종류는 17종에 이른다. ㉢펭귄은 남극 대륙과 그 연안에 주로 산다. 그런데 ㉣어떤 종은 열대 지방에 살기도 한다. ㉤지구 온난화로 인해 펭귄의 서식지가 줄어들고 있어 안타깝다.

① ㉠   ② ㉡   ③ ㉢   ④ ㉣   ⑤ ㉤

241025-0137

3 (가)와 (나)를 설명한 글을 보고, 빈칸에 들어갈 알맞은 말을 〈보기〉에서 골라 쓰세요.

보기

| 묘사 | 분류 | 분석 | 비유 |

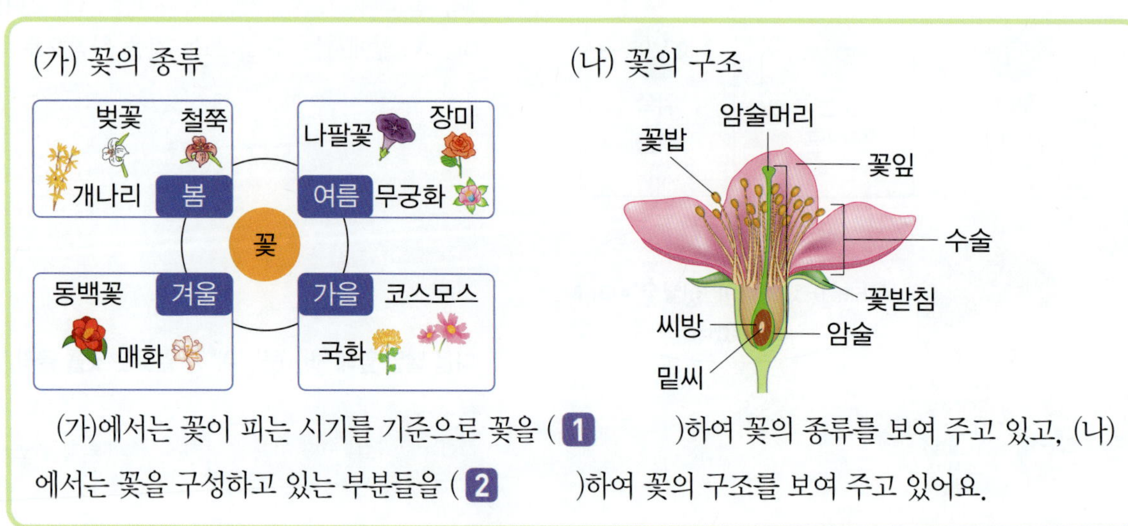

(가)에서는 꽃이 피는 시기를 기준으로 꽃을 (**1**)하여 꽃의 종류를 보여 주고 있고, (나)에서는 꽃을 구성하고 있는 부분들을 (**2**)하여 꽃의 구조를 보여 주고 있어요.

241025-0138

4 밑줄 친 낱말 중 바르게 쓰이지 <u>않은</u> 것은 무엇인가요?

① <u>윗물</u>이 맑아야 아랫물이 맑다.
② 주현이는 우리 <u>웃동네</u>에 살고 있다.
③ 유나의 <u>윗입술</u>에 설탕 가루가 묻었다.
④ 명절을 맞아 <u>웃어른</u>께 세배를 올렸다.
⑤ 우리는 <u>위층</u>으로 올라가는 계단을 청소했다.

241025-0139

5 다음 만화의 ㉠~㉢에 들어갈 알맞은 말을 <보기>에서 찾아 써 보세요.

보기

| 도입 | 묘사 | 분석 | 비유 | 전개 |

1~3 다음 글을 읽고 물음에 답해 보세요.

이 그림은 신사임당이 그린 『가지와 방아깨비』입니다. 우선 그림에 담긴 소재들을 볼까요? 가지, 나비와 나방, 방아깨비, 벌, 개미, 무당벌레, 산딸기, 쇠뜨기 등 무척 다양한 식물과 곤충들이 그려져 있네요. 모두 사실적으로 (㉠)되어 있어서 살아 움직이는 듯합니다.

먼저 그림의 가운데에는 탐스럽게 익어 가는 가지가 그려져 있습니다. 당시 사람들은 가지가 자손을 (㉡)한다고 생각했습니다. 특히 왼쪽에 있는 흰 가지는 으뜸으로 쳤으니 귀한 자손을 뜻한다고 볼 수 있습니다. 가지 줄기 밑에 그려진 쇠뜨기와 산딸기, 방아깨비는 번식력이 왕성하죠. 그러니까 이 그림에는 귀한 자식 많이 낳으라는 의미가 담겨 있다고 볼 수 있습니다.

이제 시선을 (㉢)으로 옮겨 보면 나비와 나방이 보이죠? 나비와 나방은 애벌레와 번데기 과정을 거쳐 화려하게 날갯짓을 하는 곤충입니다. 이는 열심히 공부해서 출세하기를 바라는 소망이 담긴 소재입니다. 그리고 여왕벌과 여왕개미에 충성하는 벌과 개미를 통해 임금에게 충성해야 한다는 뜻도 담아내고 있죠.

이렇듯 이 그림은 그림 자체로도 무척 아름답지만, 당시 사람들이 어떠한 바람을 갖고 있었는지를 잘 보여 준답니다.

241025-0140

1 주어진 초성과 뜻을 참고하여 ㉠과 ㉡에 들어갈 알맞은 말을 각각 쓰세요.

낱말	뜻
㉠ ㅁ ㅅ	어떤 대상을 있는 그대로 자세하게 말이나 글로 표현하거나 그림으로 그림.
㉡ ㅅ ㅈ	눈으로 확인할 수 없는 개념을 눈에 보이는 구체적인 사물로 나타냄.

241025-0141

2 ㉢에 들어갈 낱말의 형태로 올바른 것은 무엇인가요?

① 위쪽　　　　　② 윗쪽　　　　　③ 웃쪽

241025-0142

3 『가지와 방아깨비』에 그려진 소재들에 담긴 당시 사람들의 바람을 선으로 바르게 연결해 보세요.

1 흰 가지　•　　　　　•　㉮ 자식을 많이 낳다.

2 방아깨비　•　　　　　•　㉯ 출세

3 벌과 개미　•　　　　　•　㉰ 귀한 자손

4 나비와 나방　•　　　　　•　㉱ 임금에게 충성하다.

💬 다음 만화를 보고, 밑줄 친 속담의 뜻을 추측하여 말해 보세요.

✏️ **'콩 심은 데 콩 나고 팥 심은 데 팥 난다'**

모든 일은 근본에 따라 거기에 걸맞은 결과가 나타나는 것임을 비유적으로 이르는 말.

✏️ 띄어쓰기에 유의하며 위 속담을 원고지 칸에 써 보세요.

활동 다음 중 '콩 심은 데 콩 나고 팥 심은 데 팥 난다'와 의미가 <u>다른</u> 속담을 찾아 ☐ 안에 ✔표 하세요.

☐ ㉠ 가시나무에 가시가 난다

☐ ㉡ 배나무에 배 열리지 감 안 열린다

☐ ㉢ 열 번 찍어 안 넘어가는 나무 없다

☐ ㉣ 오이 덩굴에 오이 열리고 가지 나무에 가지 열린다

16강 생각과 마음을 나눠요

감정

느낄 感 + 뜻 情

일이나 대상에 대하여 마음에 일어나는 느낌이나 기분.

예 나는 **감정**이 풍부해서 슬픈 영화를 보면 울 때가 많다.

친절한샘 '신나다, 설레다, 재미있다, 행복하다, 놀라다, 걱정하다, 속상하다' 등 감정을 표현할 수 있는 말들은 매우 다양해요. 한편, '**감정적**으로 행동하다.'라는 말은 느낌이나 기분에 의해 감정을 숨기지 않고 행동한다는 뜻이에요.

공감하다

함께 共 + 느낄 感

다른 사람의 마음이나 생각에 대해 자신도 그렇다고 똑같이 느끼다.

예 그리기 대회에서 상을 받지 못해 속상해하는 친구의 마음에 **공감**했다.

친절한샘 '**동감하다**'는 어떤 의견에 같은 생각을 가지다는 뜻을 가진 낱말로 '~의 말에 동감하다.', '~의 의견에 동감하다.'와 같이 쓰여요. '동감하다'와 '공감하다'는 뜻이 비슷해서 서로 바꿔 쓸 수 있어요.

감동

느낄 感 + 움직일 動

강하게 느껴 마음이 움직임.

예 끝까지 포기하지 않고 결승선을 향해 달리는 그의 모습에 사람들은 **감동**했다.

친절한샘 '감동'과 뜻이 비슷한 낱말 중 '**감격**'은 '마음에 깊이 느끼어 매우 감동함.'을, '**감명**'은 '잊을 수 없는 큰 감동을 느낌.'을 뜻해요. '**감개무량하다**'는 지난 일이 생각나서 마음속에서 느끼는 감동이 매우 크다는 뜻이에요.

인상적

도장 印 + 코끼리 象 + 과녁 的

어떤 느낌이나 인상이 지워지지 않고 오래 기억에 남는 것.

예 영화의 마지막 장면이 매우 **인상적**이어서 우리는 오랫동안 자리에서 일어나지 못했다.

친절한샘 '인상적'에서 '**인상**'은 어떤 대상이 주는 느낌을 뜻하는 말이에요. '인상 깊다.'는 무언가가 마음속에 뚜렷하게 남거나 잊히지 않는다는 뜻이에요.

공유하다

함께 共 + 있을 有

두 사람 이상이 어떤 것을 함께 가지고 있다.

예 우리는 같은 책을 읽고 난 뒤 서로의 생각을 **공유**했다.

친절한샘 '**공유**'는 두 사람 또는 두 사람보다 많은 사람이 무언가를 함께 가지고 있다는 뜻으로, 눈에 보이는 물건뿐만 아니라 눈에 보이지 않는 감정, 마음, 생각을 공유할 수도 있어요.

낭송

밝을 朗 + 외울 誦

시나 문장 등을 소리 내어 읽음.

예 시를 **낭송**할 때는 장면을 떠올리며 노래하듯이 느낌을 살려야 해.

친절한샘 '**낭송하다**'는 '시나 문장 등을 소리 내어 읽다.'라는 뜻이에요. 이와 비슷한 말로는 '글을 소리 내어 읽다.'라는 뜻의 '**낭독하다**'가 있어요.

감상문

느낄 感 + 생각 想 + 글월 文

어떤 물건이나 현상을 보거나 듣고 나서 느낀 것을 쓴 글.

예 선생님께서 책을 읽고 난 뒤 독서 감상문을 쓰는 숙제를 내주셨어요.

친절한 샘 '감상'은 예술 작품이나 경치 등을 즐기고 이해하면서 평가하는 것이에요. '감상문'은 어떤 물건을 보거나 작품을 감상한 뒤에 느낀 것을 쓴 글로, 독서 감상문, 미술 작품 감상문, 음악 감상문 등 다양한 종류의 감상문을 쓸 수 있어요.

드러나다

① 가려져 있던 것이 보이게 된다.
② 태도나 감정, 개성 등이 표현되다.
③ 감춰져 있거나 알려지지 않았던 사실이 밝혀지다.

예 괜찮다는 말과는 달리 친구의 표정에서 서운한 감정이 드러났다.

친절한 샘 '드러나다'는 '오랜 가뭄으로 갈라진 바닥이 드러났다.', '작가의 개성이 드러난 작품', '그의 말이 거짓임이 드러났다.'와 같이 쓰여요. 이때 '드러나다'를 '들어나다'로 잘못 쓰지 않도록 주의해야 해요.

어휘 더하기

정답과 해설 24쪽

헷갈리는 낱말 '다르다'와 '틀리다'

'다르다'는 두 개의 대상이 서로 같지 않다는 뜻으로 '같다'와 뜻이 반대되는 말이에요.

'틀리다'는 계산이나 답, 사실 등이 맞지 않다는 뜻으로 '맞다' 또는 '옳다'와 뜻이 반대되는 말이에요.

그림에서 두 친구 중 한 명은 여름을, 다른 한 명은 겨울을 더 좋아한다고 했어요. 두 친구가 좋아하는 계절이 서로 같지 않은 것이므로 '서로 생각이 다르다.'라고 해야 하는 거예요. 좋아하는 계절이 다른 것이 옳지 않은 일은 아니니까요.

다음 문장에서 알맞은 낱말을 골라 ○표 하세요.

(1) 똑같은 책을 읽어도 사람마다 느낀 점이 (다를 / 틀릴) 수 있어.
(2) 수학 시험에서 계산을 실수하여 한 문제를 (달랐어 / 틀렸어).

241025-0143

1 다음 그림 속 상황과 어울리는 낱말끼리 바르게 묶인 것은 무엇인가요?

① 공감하다, 낭송하다
② 공감하다, 동감하다
③ 공감하다, 감상하다
④ 동감하다, 감동하다
⑤ 동감하다, 낭송하다

241025-0144

2 다음 낱말을 모두 포함할 수 있는 낱말을 주어진 초성을 참고하여 써 보세요.

ㄱ ㅈ

241025-0145

3 빈칸에 공통으로 들어갈 말을 주어진 초성을 참고하여 써 보세요.

1
• 시나 문장을 소리 내어 읽는 것을 ☐☐(이)라고 합니다.
• 시를 ☐☐ 할 때는 장면을 떠올리며 실감 나게 해야 해.
• 큰 소리로 시를 ☐☐ 해 봅시다.

⇨ ㄴ ㅅ

2
• 어떤 물건이나 현상을 보거나 듣고 나서 느낀 것을 쓴 글을 ☐
☐☐(이)라고 합니다.
• 책을 읽은 뒤에 느낀 점을 쓴 글이 독서 ☐☐☐(이)야.
• 음악을 듣거나 미술 작품을 보고 나서 ☐☐☐을/를 쓸 수 있어.

⇨ ㄱ ㅅ ㅁ

241025-0146

4 다음 글에서 ㉠, ㉡을 바르게 고쳐 쓰세요.

> 갑자기 바람이 세게 불면서 앞머리에 가려져 있던 그의 두 눈이 ㉠들어나 보였다. 눈물이 그렁그렁 맺힌 두 눈에 슬픈 감정이 그대로 ㉡들어났다.

	틀린 말		바른 말
1	㉠ 들어나	→	
2	㉡ 들어났다	→	

241025-0147

5 밑줄 친 낱말 중 바르게 쓰이지 <u>않은</u> 것은 무엇인가요?

① 가게마다 떡볶이의 맛이 <u>다르다</u>.
② 우리는 형제지만 성격이 <u>다르다</u>.
③ 받아쓰기 시험에서 세 문제를 <u>틀렸다</u>.
④ 동생이 맞춤법을 <u>틀려서</u> 내가 알려 주었다.
⑤ 밥을 먹을 때 손을 사용하는 점이 우리나라와 <u>틀리다</u>.

241025-0148

6 가로 열쇠와 세로 열쇠를 바탕으로 십자말풀이에 들어갈 알맞은 말을 〈보기〉에서 찾아 써 보세요.

보기

감정 공감하다 감동 인상적 공유하다 낭송 감상문 드러나다

[가로 열쇠]
1 두 사람 이상이 어떤 것을 함께 가지고 있다.
2 강하게 느껴 마음이 움직임.
3 ① 가려져 있던 것이 보이게 되다. ② 태도나 감정, 개성 등이 표현되다. ③ 감춰져 있거나 알려지지 않았던 사실이 밝혀지다.
4 시나 문장 등을 소리 내어 읽음.
5 어떤 물건이나 현상을 보거나 듣고 나서 느낀 것을 쓴 글.

[세로 열쇠]
❶ 다른 사람의 마음이나 생각에 대해 자신도 그렇다고 똑같이 느끼다.
❺ 일이나 대상에 대하여 마음에 일어나는 느낌이나 기분.
❻ 어떤 느낌이나 인상이 지워지지 않고 오래 기억에 남는 것.

1~3 다음 글을 읽고 물음에 답해 보세요.

여러분은 독서 감상문을 써 본 적이 있나요? 독서 감상문은 책을 읽고 난 뒤 느낀 점을 쓴 글로 '독후감'이라고도 해요. 독서 감상문에는 책의 제목과 내용뿐만 아니라 책을 읽은 날짜, 글쓴이, 그 책을 읽게 된 이유가 드러나 있어요. 그리고 책을 읽고 새롭게 알게 된 점, 가장 인상적이었던 장면, 책을 읽고 난 뒤의 생각이나 느낌을 쓰기도 해요.

독서 감상문을 쓰는 방법과 형식은 매우 다양해요. 책을 읽고 느낀 점을 일기를 쓰듯이 간단히 정리하여 쓸 수도 있지만, 이야기 속 등장인물에게 하고 싶은 말을 편지로 쓸 수도 있고, 책을 읽으면서 느꼈던 감정이 드러나도록 한 편의 시로 써서 낭송해 볼 수도 있어요.

이렇게 독서 감상문을 쓰면 어떤 점이 좋을까요? 주인공의 마음에 (㉠) 힘을 기를 수 있고 책을 읽었을 때의 ㉡감동을 오랫동안 간직할 수 있어요. 또 독서 감상문을 꾸준히 쓰면 글의 내용을 이해하여 간추릴 수 있는 능력과 글쓰기 실력을 키우는 데에도 도움이 돼요.

우리 친구들도 앞으로는 책을 그냥 읽기만 하는 것이 아니라 독서 감상문을 직접 써 보고 내가 쓴 독서 감상문을 친구와 공유해 보면 어떨까요?

241025-0149

1 윗글의 내용을 <u>잘못</u> 이해한 사람은 누구인가요?

① 수인: 독서 감상문은 편지글 형식으로는 쓸 수 없어.

② 경희: 독서 감상문을 쓰는 방법과 형식은 매우 다양해.

③ 유현: 독서 감상문은 책을 읽고 난 뒤 느낀 점을 쓴 글이야.

④ 승혁: 독서 감상문을 쓰면 책을 읽었을 때의 감동을 오랫동안 간직할 수 있어.

⑤ 태윤: 독서 감상문에는 책의 내용, 인상적이었던 장면, 느낀 점 등을 쓸 수 있어.

241025-0150

2 <보기>의 낱말 뜻을 참고할 때, ㉠에 들어갈 알맞은 말은 무엇인가요?

보기

다른 사람의 마음이나 생각에 대해 자신도 그렇다고 똑같이 느끼다.

① 인상적인　　　　② 드러나는　　　　③ 낭송하는
④ 낭독하는　　　　⑤ 공감하는

241025-0151

3 윗글의 ㉡과 바꾸어 쓸 수 있는 낱말은 무엇인가요?

① 낭독　　　　② 공유　　　　③ 낭송
④ 감명　　　　⑤ 감상문

어휘 펼치기

💬 다음 만화를 보고, 관용어의 뜻을 추측하여 말해 보세요.

✏️ **'발등에 불이 떨어지다'**

'발등에 불이 떨어지다'는 일이 몹시 급박하게 닥친 상황을 뜻해요.

✏️ **'발 디딜 틈이 없다'**

'발 디딜 틈이 없다'는 복잡하고 혼잡스럽다는 뜻이에요.

✏️ **'발 벗고 나서다'**

'발 벗고 나서다'는 어떤 일에 적극적으로 나선다는 뜻이에요.

활 동 다음의 뜻을 참고하여 '발'이 들어가는 속담 또는 관용 표현이 <u>아닌</u> 것을 찾아 ☐ 안에 ✔표 하세요.

☐ ㉠ 도둑이 제 (　　　) 저리다
　⇨ 지은 죄가 있으면 자연히 마음이 조마조마해진다.

☐ ㉡ (　　　)을 뻗고 자다
　⇨ 더 이상 아무런 걱정이 없이 마음 편한 상태로 자다.

☐ ㉢ (　　　)이 맵다
　⇨ ① 손으로 살짝 때려도 몹시 아프다. ② 일하는 것이 야무지고 완벽하다.

☐ ㉣ (　　　)이 넓다
　⇨ 친하게 지내거나 아는 사람이 많다.

17강 나는야 지구별 탐험가!

나침반

그물 羅 + 바늘 針 + 소반 盤

동, 서, 남, 북 방향을 알려 주는 기구.

예 낯선 곳에서 길을 잃지 않으려면 지도와 **나침반**이 필요해.

친절한샘 스마트폰이 만들어지기 전, 낯선 곳에서 길을 찾을 때는 나침반이 꼭 필요했어요. 나침반의 바늘은 자석으로 만들어요. 지구는 그 자체로 하나의 큰 자석이라서 북극은 S극, 남극은 N극을 띠기 때문에 반대로 나침반의 N극 바늘이 가리키는 방향이 항상 북쪽이에요.

육지

뭍 陸 + 땅 地

① 지구에서 물로 된 부분이 아닌 흙이나 돌로 된 부분.
② 섬이 아닌, 대륙에 이어진 땅.

예 몇 달 동안 배를 타고 바다를 떠돌던 그들은 저 멀리 **육지**를 발견하고 기뻐했다.

친절한샘 지구에서 물로 된 부분을 바다 또는 강이라고 하지요? 지구에서 물로 된 부분이 아닌 딱딱한 흙이나 돌로 된 부분을 '육지' 또는 '**땅**'이라고 해요. 육지와 땅은 뜻이 비슷해서 서로 바꾸어 쓸 수 있는 말이에요.

지표

땅 地 + 겉 表

지구나 땅의 겉면.

예 흐르는 물이나 바람에 의해 돌과 흙이 깎이면서 **지표**의 모습이 변한다.

친절한샘 산이나 들처럼 땅의 겉으로 드러난 부분을 '지표'라고 해요. 지표와 **지표면**은 뜻이 비슷해서 서로 바꾸어 쓸 수 있어요. 침식 작용 또는 퇴적 작용으로 인해 지표의 모양이 변할 수 있는데, 이때 땅의 생긴 모양을 뜻하는 말이 '**지형**'이에요.

내리쬐다

햇볕이 아래쪽으로 강하게 비치다.

예 낮이 되니 뜨거운 햇볕이 쨍쨍 **내리쬐기** 시작했어요.

친절한샘 '내리쬐다'에서 '**쬐다**'는 '햇볕이 들어 비치다.'라는 뜻을 가진 말이에요. 여기에 '잇달아 계속해서 또는 사정없이 마구.'라는 뜻을 가진 '**내리**'라는 말이 더해져 '내리쬐다'가 된 거예요. '내리쬐다'는 '**내리쪼이다**'라고 쓸 수도 있어요.

수면

물 水 + 낯 面

물의 표면.

예 사람들이 탄 배는 파도 없이 잔잔한 **수면** 위를 천천히 지나고 있었다.

친절한샘 물의 표면, 즉 물의 윗부분을 수면이라고 해요. 그중에서도 바닷물의 겉으로 드러난 부분을 '**해수면**'이라고 해요. '**해수면**'에서 '해(海)'는 '바다'를 뜻하는 말이에요.

자연환경

스스로 自 + 그럴 然 + 고리 環 + 곳 境

산, 강, 바다, 동물, 식물, 비 등과 같이 인간 생활을 둘러싸고 있는 자연의 조건이나 상태.

예 **자연환경**을 보호하기 위해 일회용품 사용을 줄여야 해요.

친절한샘 인간의 생활에 영향을 주는 환경에는 '자연환경'과 '**인문 환경**'이 있어요. 인간이 만들지 않은 자연 그대로의 것을 '자연환경'이라고 하고, 인간에 의해 만들어진 것을 '인문 환경'이라고 해요.

서식하다

깃들일 棲 + 숨쉴 息

생물이 어떤 곳에 보금자리를 만들어 살다.

예 곰은 숲에서 **서식하며** 추운 겨울을 나기 위해 겨울잠을 잡니다.

친절한샘 '보금자리'는 '새가 알을 낳거나 살기 위해 풀, 나뭇가지 등을 엮어 만든 둥근 모양의 집.' 또는 '지내기에 매우 편안하고 아늑한 곳.'을 뜻하는 말이에요. 생물이 보금자리를 만들어 사는 곳을 **'서식지'**라고 해요.

이동

옮길 移 + 움직일 動

움직여서 옮김. 또는 움직여서 자리를 바꿈.

예 다음 목적지로 **이동**하기 위해 그녀는 아침 일찍 길을 나섰다.

친절한샘 사람이 움직여 자리를 바꾸는 것이나 물건을 한곳에서 다른 곳으로 옮기는 것을 '이동'이라고 해요. **'이동 수단'**은 사람이나 물건을 이동할 때 이용하는 것으로 자전거, 자동차, 배, 비행기 등이 있어요.

어휘 더하기

정답과 해설 25쪽

헷갈리는 낱말 '짚다'와 '집다'

'짚다'는 '바닥이나 벽, 지팡이 등에 몸을 기대어 의지하다.'라는 뜻을 가진 말이에요.

'집다'는 '손가락이나 발가락 또는 젓가락이나 집게와 같은 도구로 물건을 잡아서 들다.'라는 뜻을 가진 말이에요.

'땅 **짚고** 헤엄치기'는 아주 쉬운 일을 뜻하는 속담이에요. 두 손을 땅에 대고 의지하여 헤엄을 치는 일은 매우 쉽겠지요? 그러므로 이럴 땐 '집고'가 아닌 '짚고'라고 해야 하는 거죠.

다음 문장에서 알맞은 낱말을 골라 ○표 하세요.

(1) 바닥에 떨어진 친구의 지우개를 (집어 / 짚어) 주었어요.

(2) 할머니는 다리가 편치 않으셔서 지팡이를 (집고 / 짚고) 다니신다.

241025-0152

1 다음 만화를 보고 빈칸에 들어갈 낱말을 써 보세요.

241025-0153

2 다음 빈칸에 들어갈 알맞은 낱말끼리 묶인 것은 무엇인가요?

> 서준: 오늘 체육 시간에 정말 더웠지?
>
> 현정: 맞아. 낮에 구름이 걷히면서 햇볕이 [   ] 매우 덥더라.

① 내리쬐서, 서식해서 ② 서식해서, 이동해서

③ 내리쬐서, 이동해서 ④ 내리쬐서, 내리쪼여서

⑤ 내려쬐서, 내려쪼여서

241025-0154

3 빈칸에 공통으로 들어갈 말을 주어진 초성을 참고하여 써 보세요.

1
- 지구에서 물로 된 부분이 아닌 흙이나 돌로 된 부분을 □□(이)라고 합니다.
- 섬이 아닌, 대륙에 이어진 땅을 □□(이)라고 합니다.
- '땅'은 □□와/과 뜻이 비슷하여 바꾸어 쓸 수 있는 말입니다.

⇨ ㅇ ㅈ

2
- 물의 표면을 □□(이)라고 합니다.
- 바닷물의 겉으로 드러난 부분을 해□□(이)라고 합니다.
- 오늘은 바다에 파도가 치지 않아 □□이/가 잔잔하구나.

⇨ ㅅ ㅁ

241025-0155

4 〈보기〉의 낱말을 모두 포함할 수 있는 낱말을 주어진 초성을 참고하여 써 보세요.

보기

| 산 | 바다 | 동물 | 식물 |

ㅈ ㅇ ㅎ ㄱ

241025-0156

5 밑줄 친 낱말 중 바르게 쓰이지 <u>않은</u> 것은 무엇인가요?

① 다리를 다쳐 목발을 <u>짚고</u> 다니게 되었다.

② 음식을 먹을 땐 젓가락으로 <u>집어</u> 먹어야 해.

③ 땅에 떨어진 쓰레기를 집게로 <u>집어</u> 휴지통에 버렸다.

④ 수영은 어렵겠지만 땅을 <u>짚고</u> 헤엄치는 것은 쉬울 것 같아.

⑤ 누군가 지팡이를 <u>짚고</u> 걸어간 것처럼 길 위에 발자국이 세 개씩 나 있었다.

241025-0157

6 〈보기〉의 낱말 중 ㉠~㉤의 뜻에 해당하는 낱말을 글자판에서 찾아 묶고 알맞은 기호를 써 보세요.

보기

| 나침반 | 육지 | 지표 | 내리쬐다 | 수면 | 자연환경 | 서식하다 | 이동 |

㉠ 지구나 땅의 겉면.

㉡ 생물이 어떤 곳에 보금자리를 만들어 살다.

㉢ 움직여서 옮김. 또는 움직여서 자리를 바꿈.

㉣ 햇볕이 아래쪽으로 강하게 비치다.

㉤ 동, 서, 남, 북 방향을 알려 주는 기구.

지	구	지	표	하	자	식
육	지	표	범	늘	연	서
짚	나	침	반	면	환	식
다	가	수	면	내	경	하
이	동	다	하	리	가	다
인	문	환	경	쬐	집	다
사	나	경	침	다	쪼	이

정답과 해설 25쪽

1~3 다음 글을 읽고 물음에 답해 보세요.

걸어서 동네 한 바퀴, '○○시 탐험 원정대'에 지원하세요!

여름 방학을 맞아 '○○시 탐험 원정대'에 함께할 모험심 가득한 친구들을 모집합니다.

드넓은 (㉠) 위를 항해하던 콜럼버스가 마침내 육지에 도착하여 새로운 대륙을 발견할 수 있었던 까닭은 무엇일까요? 용기와 모험심이 있었기 때문이죠. 우리 친구들도 ○○시의 탐험가가 되어 볼 수 있어요. 스마트폰 없이 나침반과 지도를 이용하여 길을 따라 이동하며 지역의 중심지와 산, 강, 동식물과 같은 주변 자연환경을 살펴볼 거예요. 탐험을 마친 뒤에는 우리 지역을 널리 알리는 홍보 대사 역할을 맡게 돼요. 뜨겁게 내리쬐는 태양 같은 열정을 지닌 초등학생 친구들이라면 누구나 참여할 수 있습니다. 지금 바로 '○○시 탐험 원정대'에 지원하세요!

모집 기간: 202×년 6월 1일 ~ 6월 14일
모집 인원: 30명(선착순 접수)
활동 기간: 202×년 7월 15일 ~ 7월 18일
신청 방법: 우리 지역 시청 누리집을 통해 신청

241025-0158

1 윗글의 내용을 <u>잘못</u> 이해한 사람은 누구인가요?

① 윤선: 여름 방학 기간인 7월에 활동할 예정이야.

② 기현: 모집 기간은 6월 1일부터 2주일 동안이야.

③ 수빈: 탐험을 마친 뒤에는 우리 지역의 홍보 대사 역할을 맡게 돼.

④ 병우: 모집 인원인 30명이 차기 전에 먼저 신청하는 것이 좋겠어.

⑤ 하윤: '○○시 탐험 원정대'에 지원하기 위해서는 반드시 스마트폰이 있어야 해.

241025-0159

2 <보기>의 낱말 뜻을 참고할 때, ㉠에 들어갈 알맞은 말은 무엇인가요?

보기

바닷물의 표면.

① 나침반   ② 해수면   ③ 육지
④ 지표   ⑤ 이동

241025-0160

3 윗글에서 다음과 같은 뜻을 가진 낱말을 찾아 써 보세요.

산, 강, 바다, 동물, 식물, 비 등과 같이 인간 생활을 둘러싸고 있는 자연의 조건이나 상태.

💬 다음 그림을 보고, '죽'과 관련된 두 가지 속담의 뜻을 추측하여 말해 보세요.

> • 다 된 죽에 코 빠뜨린다   • 변덕이 죽 끓듯 하다

죽은 쌀이나 찹쌀 등의 곡식을 오래 끓여서 몹시 무르게 만든 음식을 뜻해요. 맛있는 죽을 만들기 위해서는 오랜 시간 동안 타지 않도록 뜨거운 불 앞을 지키고 서서 죽을 잘 저어 줘야 해요. 그만큼 많은 시간과 정성을 필요로 해요. 우리 조상들은 입맛이 없거나 몸이 아플 때 죽을 끓여 먹곤 했어요. 그래서 죽과 관련된 속담이 많답니다.

✏️ **'변덕이 죽 끓듯 하다'**

죽이 끓는 모습을 본 적이 있나요? 물이 끓는 모습과는 달리 죽은 여기저기서 구멍이 생기며 요란하게 끓어요. 그래서 뜨거운 죽이 어디로 튀어 오를지 알 수 없어요. '변덕이 죽 끓듯 하다'는 말이나 행동, 감정 등이 이랬다저랬다 자주 변하는 것을 뜻하는 속담이에요. 비슷한 속담으로는 말이 이랬다저랬다 하는 사람을 뜻하는 말로 '한 입으로 온 까마귀질 한다'가 있어요.

✏️ **'다 된 죽에 코 빠뜨린다'**

공들여 만든 죽에 누군가가 콧물을 빠뜨린다면 어떻게 될까요? 그 죽은 이제 먹을 수 없겠죠. '다 된 죽에 코 빠뜨린다'라는 속담은 거의 다 된 일을 어이없이 망쳐 버린다는 뜻이에요. 이와 뜻이 비슷한 속담으로는 '다 된 밥에 재 뿌리기'가 있어요.

활동 다음의 상황과 어울리는 속담을 골라 ☐ 안에 ✔표 하세요.

> 기철: 오늘따라 표정이 어두워 보이네. 완성한 그림은 가져왔어?
> 혜림: 어제 온종일 열심히 그린 그림 위에 동생이 콜라를 쏟았어. 그래서 그림을 망쳐 버렸지 뭐야.

☐ ㉠ 변덕이 죽 끓듯 하다   ☐ ㉡ 다 된 죽에 코 빠뜨린다

친구들과 역할극을 해요

훑어보다

① 한쪽 끝에서 다른 쪽 끝까지 쭉 보다.
② 처음부터 끝까지 자세히 살펴보다.
예 책 한 권을 처음부터 끝까지 빠르게 넘기며 **훑어보았다.**

친절한 샘 '훑어보다'는 어떻게 소리 내어 읽어야 할까요? 겹받침 'ㄾ'은 낱말의 마지막이나 자음 앞에서 [ㄹ]로 발음해요. 그래서 '훑어보다'는 [훌터보다], '훑어보니'는 [훌터보니]로 읽어야 해요.

들뜨다

① 마음이나 분위기가 안정되지 않고 조금 흥분되다.
② 무엇에 붙었던 장판이나 벽지같이 얇은 것이 떨어져 벌어지다.
예 가족여행을 갈 생각에 마음이 **들떠** 잠을 이루지 못했다.

친절한 샘 '들뜨다'가 '마음이나 분위기가 안정되지 않고 조금 흥분되다.'의 뜻으로 쓰였을 때 뜻이 비슷한 낱말로는 '**설레다**'가 있어요. '설레다'는 '마음이 차분하지 않고 들떠서 두근거리다.'라는 뜻이에요.

파악하다

잡을 把 + 쥘 握

어떤 일이나 대상의 내용이나 상황을 확실하게 이해하여 알다.
예 책을 읽고 이야기의 주제를 **파악해** 봅시다.

친절한 샘 '파악하다'는 [파아카다]로 소리 내어 읽어요.. '파악하다, 알다, 이해하다' 외에도 아는 것과 관련된 낱말 중 '**간파하다**'는 '겉으로 드러나지 않은 점을 꿰뚫어 알아차리다.'라는 뜻으로 쓰여요.

보잘것없다

볼만한 가치가 없을 정도로 훌륭하지 않거나 좋지 않다.
예 **보잘것없는** 쓰레기처럼 보이더라도 새롭게 재활용될 수 있어요.

친절한 샘 '하잘것없다'는 '시시하고 하찮아서 중요하게 여길 만하지 않다.'라는 뜻으로 '보잘것없다'와 뜻이 비슷하여 서로 바꾸어 쓸 수 있는 말이에요. '보잘것없다'와 '하잘것없다'는 모두 띄어쓰지 않고 붙여서 써야 해요.

대본

대 臺 + 근본 本

① 연극이나 영화에서, 대사나 장면의 설명 등을 적어 놓은 글.
② 어떤 일을 하려고 미리 짜 놓은 계획.
예 배우는 **대본**을 보며 맡은 역할을 연기한다.

친절한 샘 대본은 연극이나 영화가 만들어지기 위해 있어야 하는 글이에요. 대본에는 등장인물의 대사와 행동, 상황에 대한 설명 등이 쓰여 있어 배우가 연기할 때 필요해요. 대본 중 연극 대본을 '**희곡**'이라고 해요.

떠올리다

① 기억을 되살리거나 잘 생각나지 않던 것을 생각해 내다.
② 얼굴에 어떤 표정을 나타나게 하다.
예 입학식 때 사진을 보고 2년 전 나의 모습을 **떠올렸다.**

친절한 샘 글을 읽을 때 자기가 겪은 일을 떠올리며 읽으면 어떤 점이 좋을까요? 글의 내용을 더 쉽고 정확하게 이해할 수 있고, 내용을 더 생생하게 느낄 수 있어요. 또 인물의 마음에 더 잘 공감할 수 있답니다.

분담

나눌 分 + 멜 擔

일이나 책임 등을 나누어 맡음.

예 우리 가족은 역할을 **분담**하여 집 안 대청소를 했다.

친절한샘 '임무'는 맡은 일이나 맡겨진 일을 뜻해요. '분임'은 '임무를 나누어 맡음.'이라는 뜻을 가진 낱말로 '분담'과 뜻이 비슷하여 서로 바꾸어 쓸 수 있어요. 친구들과 역할극을 할 때는 각자 맡을 역할을 분담하는 것이 중요해요.

걱정거리

걱정이 되는 일.

예 친구는 **걱정거리**가 많은지 계속해서 한숨을 내쉬었어요.

친절한샘 '걱정'은 좋지 않은 일이 있을까 봐 두렵고 불안한 마음이에요. '걱정거리'는 걱정이 되는 일로, 뜻이 비슷한 낱말로는 **근심거리**가 있어요. '근심거리'는 두렵고 불안해할 대상이 되는 일을 뜻해요.

어휘 더하기

정답과 해설 26쪽

겹받침 'ㄼ'을 바르게 발음해요

겹받침 'ㄼ'은 낱말의 마지막이나 자음 앞에서 [ㄹ]로 발음해요. 그래서 '여덟, 넓다, 짧다, 떫다'를 각각 아래와 같이 소리 내어 읽어요.

여덟[여덜] 넓다[널따] 짧다[짤따] 떫다[떨:따]

※ 발음에 ':' 표시가 있는 것은 길게 발음해야 해요.

다만 '밟-'은 자음 앞에서 [ㅂ]으로 발음하고, '넓-'은 아래와 같은 경우에 [ㅂ]으로 발음해요.

밟다[밥:따] 밟고[밥:꼬] 밟지[밥:찌] 밟게[밥:께]
넓적하다[넙쩌카다] 넓죽하다[넙쭈카다]
넓둥글다[넙뚱글다]

다음 문장에서 밑줄 친 말의 발음을 정확하게 써 보세요.

올해 여덟 살인 내 동생의 얼굴은 넓적하다.

[   ]   [   ]

241025-0161

1 빈칸에 공통으로 들어갈 말을 주어진 초성을 참고하여 써 보세요.

> • ☐☐에는 등장인물의 대사와 행동, 상황에 대한 설명 등이 자세하게 쓰여 있다.
> • 나와 친구들은 미리 짜 놓은 ☐☐대로 침착하게 발표를 이어 나갔다.

⇨ ☐ㄷ ☐ㅂ

241025-0162

2 다음 ㉠, ㉡을 알맞게 소리 내어 읽은 것은 무엇인가요?

> • 책 한 권을 처음부터 끝까지 빠르게 넘기며 ㉠훑어보다.
> • 새로 이사한 동네를 구석구석 ㉡훑어보니 처음보다 더 친숙하게 느껴졌다.

	㉠	㉡
①	[훌터보다]	[후터보니]
②	[훌터보다]	[훌터보니]
③	[훌터보다]	[훑어보니]
④	[후터보다]	[훌터보니]
⑤	[후터보다]	[후터보니]

241025-0163

3 뜻이 서로 비슷한 말끼리 묶인 것을 모두 고른 것은 무엇인가요?

> ㉠ 들뜨다 – 가라앉다   ㉡ 보잘것없다 – 하잘것없다
> ㉢ 분담 – 분임   ㉣ 걱정거리 – 근심거리

① ㉠, ㉡

② ㉠, ㉢

③ ㉠, ㉢, ㉣

④ ㉡, ㉢, ㉣

⑤ ㉠, ㉡, ㉢, ㉣

241025-0164

4 다음 문장의 빈칸에 들어갈 가장 알맞은 낱말을 오른쪽에서 찾아 선으로 이어 보세요.

1 책에서 필요한 내용을 찾기 위해 내용을 쭉 ( ).

2 『토끼와 거북이』를 읽고 이야기의 주제가 무엇인지 ( ).

3 나는 사진첩 속 사진을 보며 어렸을 적 추억을 ( ).

• ㉠ 떠올렸다

• ㉡ 훑어보았다

• ㉢ 파악했다

241025-0165

5 밑줄 친 낱말을 소리 내어 읽은 것 중 바르지 <u>않은</u> 것은 무엇인가요?

① 이 선을 <u>밟지</u>[밥:찌] 마세요.

② 내 방보다 형의 방이 더 <u>넓다</u>[널따].

③ 제 동생의 나이는 <u>여덟</u>[여덥] 살이에요.

④ 부침개를 담기 위해서는 크고 <u>넓적한</u>[넙쩌칸] 그릇이 필요하다.

⑤ 지진이 발생하면 사방이 탁 트인 <u>넓은</u>[널븐] 곳으로 이동하세요.

241025-0166

6 다음 뜻에 알맞은 낱말을 <보기>에서 찾아 사다리를 타고 내려간 곳에 쓰세요.

보기

| 훑어보다 | 들뜨다 | 파악하다 | 보잘것없다 | 대본 | 떠올리다 | 분담 | 걱정거리 |

1 볼만한 가치가 없을 정도로 훌륭하지 않거나 좋지 않다.

2 어떤 일이나 대상의 내용이나 상황을 확실하게 이해하여 알다.

3 일이나 책임 등을 나누어 맡음.

4 걱정이 되는 일.

| ㉠ | ㉡ | ㉢ | ㉣ |

1~3 다음 글을 읽고 물음에 답해 보세요.

202×년 ×월 ×일 ×요일, 오늘의 날씨: 구름 사이로 해가 빼꼼히 고개를 내밈.
제목: 오늘의 주인공은 나야 나!

오늘 국어 시간에는 모둠 친구들과 『흥부와 놀부』 이야기의 한 장면을 역할극으로 표현해 보는 활동을 했다. 우리는 선생님께서 나눠 주신 (㉠)을/를 처음부터 끝까지 훑어보면서 인물이 처한 상황을 파악했다. 그리고 역할을 분담하여 정했는데 나는 밥주걱 역할을 맡았다. 처음엔 주인공도 아니고 대사도 없는 역할을 맡게 된 것이 서운하고 속상했지만 보잘것없는 역할은 없는 거라는 선생님의 말씀에 힘을 냈다. 열심히 연습한 후 우리 모둠이 준비한 역할극을 보여 줄 차례가 되었다. 배가 고파 놀부네 집에 찾아온 흥부의 뺨을 놀부가 밥알이 묻은 밥주걱으로 세게 때리는 장면이었다. 나는 놀부의 손짓에 맞춰 몸을 날리며 흥부에게로 날아가는 시늉을 했다. 그리고 종이로 만든 밥알을 재빠르게 흥부의 뺨에 붙여 주었다. 하기 전엔 다른 친구들이 비웃으면 어쩌나 하는 걱정거리가 있었지만 내 연기를 본 친구들에게서 박수가 쏟아졌다. 선생님께서도 밥주걱 역할을 훌륭히 해냈다며 나를 칭찬해 주셨다. 학교를 마치고 집으로 돌아가면서도 신이 나 ㉡들뜬 마음이 가라앉지 않았다. 마치 오늘의 주인공이 흥부도, 놀부도 아닌 내가 된 것 같은 기분이었다.

241025-0167

1 윗글의 내용을 <u>잘못</u> 이해한 사람은 누구인가요?

① 광희: '나'는 역할을 분담한 결과, 밥주걱 역할을 맡았어.

② 용대: '나'는 집으로 돌아가는 길에 신이 나 마음이 들떴어.

③ 혜윤: '나'는 역할극을 하기 전에 걱정이 되는 일이 전혀 없었어.

④ 민선: '나'는 『흥부와 놀부』 이야기의 한 장면을 역할극으로 표현하는 활동을 했어.

⑤ 솔규: '나'는 처음에 밥주걱 역할을 맡은 것이 서운했지만 선생님의 말씀에 힘을 냈어.

241025-0168

2 다음 낱말의 뜻을 참고하여 ㉠에 들어갈 알맞은 말을 써 보세요.

> ① 연극이나 영화에서, 대사나 장면의 설명 등을 적어 놓은 글.
>
> ② 어떤 일을 하려고 미리 짜 놓은 계획.

241025-0169

3 다음 초성을 참고하여 윗글에서 ㉡의 뜻을 써 보세요.

> 들뜨다: 마음이나 분위기가 ㅇㅈ 되지 않고 조금 ㅎㅂ 되다.

💬 다음 만화를 보고, 만화의 내용과 어울리는 속담을 알아봅시다.

✏️ **'남의 떡이 더 커 보인다'**
내 것보다 다른 사람의 것이 더 좋게 느껴진다는 뜻이에요.

✏️ **뜻이 반대인 속담**
• 남의 돈 천 냥이 내 돈 한 푼만 못하다
• 남의 집 금송아지가 우리 집 송아지만 못하다
→ 작거나 보잘것없는 것이라 해도 내가 직접 가진 것이 더 낫다는 뜻이에요.

✏️ **뜻이 비슷한 속담**
• 남의 짐이 가벼워 보인다
• 남의 밥에 든 콩이 굵어 보인다

활 동 다음 세 가지 속담 중 서로 뜻이 비슷한 두 가지 속담을 찾아 □ 안에 ✔표 하세요.

정수리

정수리 頂 + 수리

머리 위의 숫구멍이 있는 자리.

예 **정수리** 한가운데 가르마를 탔다.

친절한샘 갓난아이의 정수리가 굳지 않아서 숨 쉴 때마다 발딱발딱 뛰는 곳을 '숫구멍'이라고 해요. '숫구멍'은 생후 일정 기간이 지나면 닫혀 없어져요.

안구

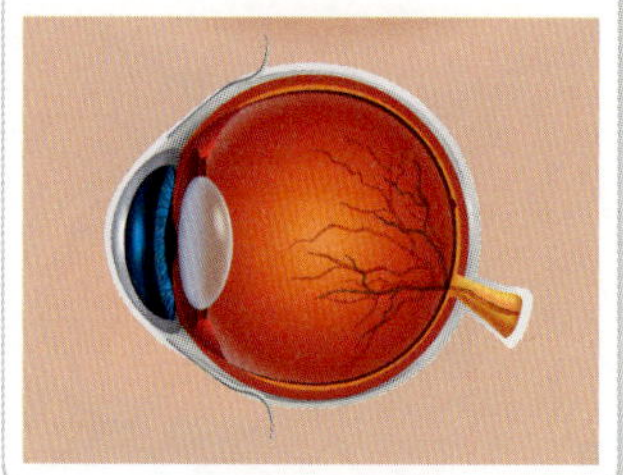

눈 眼 + 공 球

척추동물의 시각 기관인 눈구멍 안에 있는 공 모양의 기관.

예 그는 **안구**를 기증받아서 잃어버린 시력을 회복했다.

친절한샘 우리 눈의 표면을 싸고 있는 얇은 눈물 층에 이상이 생긴 것을 '안구 건조증'이라고 해요. '안구 건조증'은 오랜 시간 컴퓨터나 스마트폰을 하는 사람들에게 많이 발생해요.

귓바퀴

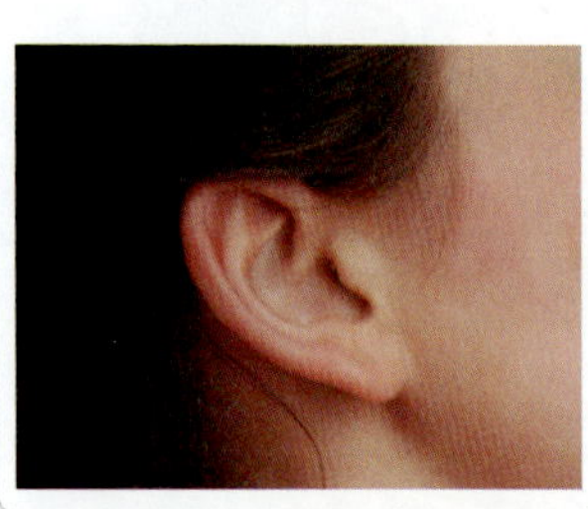

겉으로 드러난 귀의 가장자리 부분. 밖에서 들려오는 소리를 귓구멍으로 들어가기 쉽게 해 줌.

예 너무 부끄러워서 **귓바퀴**가 빨개졌다.

친절한샘 뜨거운 것을 만지면 반사적으로 '귓불'이나 '귓바퀴'를 잡게 되지요. 우리는 그곳이 차갑다는 것을 알기 때문이에요. '귓바퀴'는 혈관이 별로 분포되어 있지 않아 혈액 순환이 덜 일어나므로 항상 체온보다 낮은 온도를 유지해요.

뻐드렁니

바깥쪽으로 조금 튀어나온 앞니.

예 그는 웃을 때마다 **뻐드렁니**가 보인다.

친절한샘 치아에는 가위처럼 음식을 잘라 주는 '앞니', 음식을 찢어 주는 뾰족한 '송곳니', 음식물을 부수어 주는 크고 튼튼한 '어금니'가 있어요. 치아는 음식을 잘게 부수어 소화를 돕는 역할도 하지만 발음을 정확하게 해 주는 역할도 해요.

성대

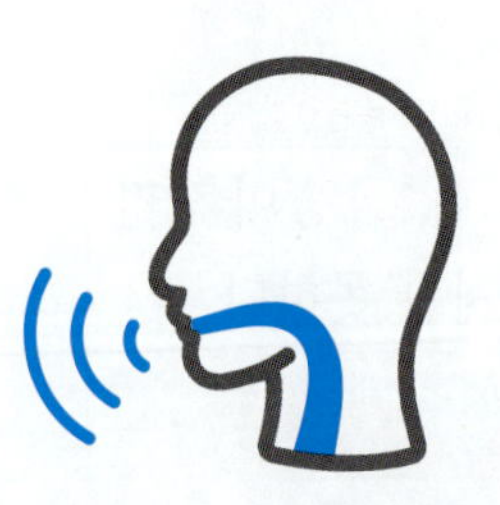

소리 聲 + 띠 帶

목구멍의 가운데에 있는, 내쉬는 숨에 의해 떨려서 소리를 내는 주름 모양의 기관. = 목청

예 노래를 많이 불렀더니 **성대**에 무리가 왔나 봐요.

친절한샘 목에는 음식물이 지나가는 '식도'와 공기가 지나가는 '기도'가 있어요. '기도'의 위쪽에는 '후두'가 있어 아래쪽 기도를 보호하는 역할을 하는데, 이 '후두' 안에 '성대'가 있답니다. '성대'가 움직여 성문을 열고 닫으면서 호흡과 발성을 하는 거지요.

맥박

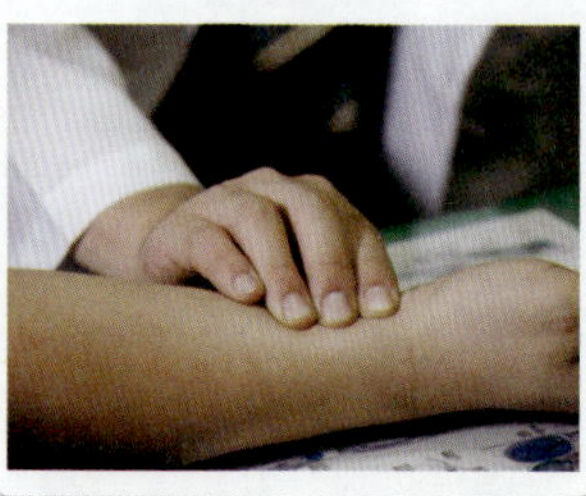

맥 脈 + 칠 搏

심장 박동에 따라 나타나는 동맥의 주기적인 움직임.

예 달리기를 했더니 **맥박**이 빨리 뛰네.

친절한샘 운동을 하면 에너지를 내는 혈당과 산소가 필요하기 때문에 혈액 순환을 빨리하려고 심장 박동이 빨라져요. 혈당과 산소를 쓰고 나면 이산화 탄소가 많이 발생하므로 이를 빨리 몸 밖으로 내보내려고 호흡도 빨라지지요.

허파

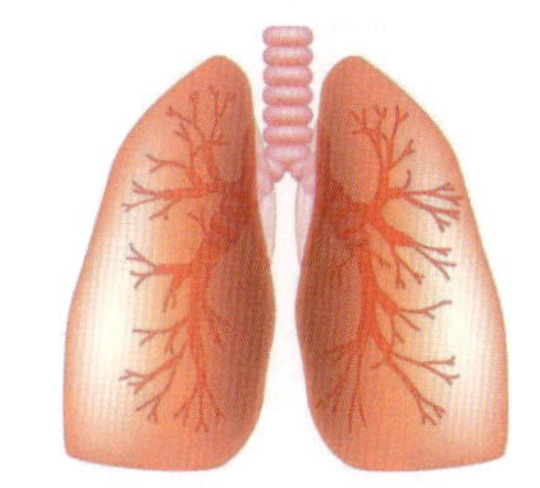

동물과 사람의 가슴 속 양쪽에 있는, 숨을 쉬게 하는 기관.
= 폐

예 꾸준히 운동을 했더니 **허파**가 튼튼해졌다.

친절한샘 '허파'의 옛말이 '부화'인데 '부아'로 바뀌었어요. **'부아가 치밀다'**는 억울하거나 뜻대로 되지 않은 일을 당하여 분노의 감정이 생길 때 쓰는 말이에요. **'허파에 바람 들다'**라는 말도 있는데, 이는 실없이 행동하거나 지나치게 웃어 댈 때 쓰는 말이에요.

후각

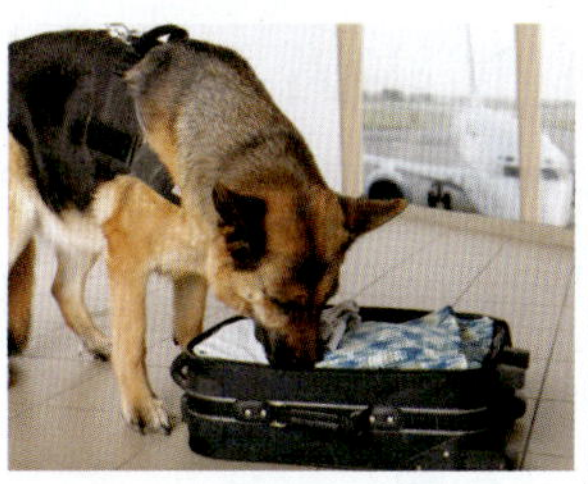

냄새 맡을 嗅 + 깨달을 覺

코로 냄새를 맡는 감각.

예 개는 **후각**이 예민해서 냄새를 잘 맡는다.

친절한샘 우리에게는 다섯 가지 감각이 있어요. '오감(五感)'이라고 하지요. '오감'에는 눈으로 보는 **시각**, 귀로 듣는 **청각**, 코로 냄새를 맡는 **후각**, 혀로 맛을 보는 **미각**, 피부로 느끼는 **촉각**이 있어요.

어휘 더하기

정답과 해설 28쪽

'-장이'와 '-쟁이'

-장이
'그것과 관련된 기술을 가진 사람'의 뜻을 더하는 말.

-쟁이
'그 속성을 많이 가진 사람' 또는 '그 일을 주로 하는 사람'의 뜻을 더하는 말.

'-장이'는 기술이 있는 사람을 가리키는 말이에요. 기술과 관련된 말 뒤에 붙여서 '간판장이, 기와장이, 대장장이, 옹기장이, 도배장이' 등으로 쓰인답니다.

'-쟁이'는 사람의 버릇이나 행동 또는 모양을 가리키는 말이에요. 개인의 좋지 않은 버릇이나 독특한 성격 또는 행동이나 모양 등을 바로 알 수 있도록 관련된 말 뒤에 붙여서 '거짓말쟁이, 고집쟁이, 겁쟁이, 멋쟁이, 개구쟁이' 등으로 쓰인답니다.

'-장이'와 '-쟁이'는 1987년까지는 구분 없이 사용하다가 1988년에 표준어 규정을 개정하면서 구분하여 사용하게 되었습니다. 표준어 규정에서는 '기술자에게는 '-장이'를, 그 외에는 '-쟁이'가 붙는 형태를 표준어로 삼는다.'라고 규칙으로 정하고 있답니다.

다음 문장에 들어갈 알맞은 낱말을 골라 ◯표 하세요.

(1) 우리 언니는 (멋장이 / 멋쟁이)이다.
(2) (옹기장이 / 옹기쟁이)는 기계를 사용하지 않고 전통 방식을 고수하며 옹기를 만들고 있다.

1 241025-0170

다음 표현 중 밑줄 친 낱말이 '허파'와 관련 있는 것은 무엇인가요?

① 동생이 다 된 일을 망쳐 놓아 <u>부아</u>가 치밀었다.
② 합격자 발표를 기다리면서 온 가족이 <u>애</u>를 태웠다.
③ 영수는 베란다 화분 깬 것을 들킬까 봐 <u>오금</u>이 저렸다.
④ 해외 파견 근무 때문에 부모님의 <u>슬하</u>를 떠나게 되었다.
⑤ 우리의 가전제품 수준은 선진국과 <u>비견</u>할 만하게 높아졌다.

2 241025-0171

다음 그림을 보고 빈칸에 들어갈 알맞은 말을 써 보세요.

1 (   ): 눈으로 보아요.
2 (   ): 귀로 소리를 들어요.
3 (   ): 코로 냄새를 맡아요.
4 (   ): 혀로 맛을 보아요.
5 (   ): 피부로 느껴요.

3 241025-0172

다음 문장에 들어갈 알맞은 낱말을 골라 ○표 하세요.

1 내 동생은 (개구장이 , 개구쟁이)여서 말썽을 자주 부린다.

2 (도배장이 , 도배쟁이)인 아버지를 둔 덕에 우리 집 벽은 항상 새로 도배한 듯이 깨끗했다.

4 241025-0173

다음 빈칸에 들어갈 알맞은 낱말을 써 보세요.

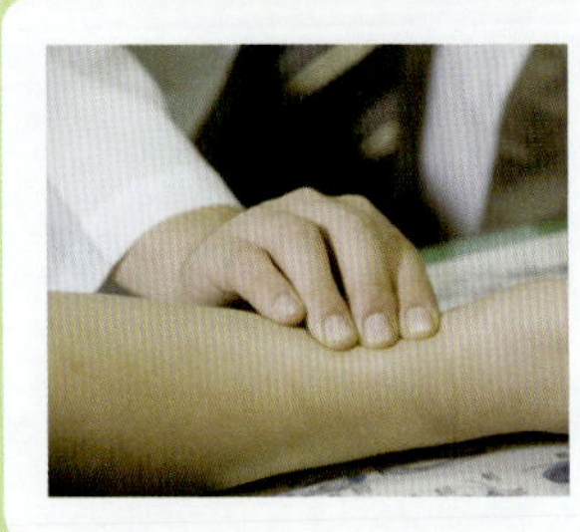

ㅁ ㅂ : 심장 박동에 따라 나타나는 동맥의 주기적인 움직임을 말해요.

241025-0174

5 다음 낱말 풀이를 보고 문장에 들어갈 알맞은 낱말을 골라 써 보세요.

> • 뻐드렁니: 바깥쪽으로 조금 튀어나온 앞니.
>
> • 허파: 동물과 사람의 가슴 속 양쪽에 있는, 숨을 쉬게 하는 기관.
>
> • 안구: 척추동물의 시각 기관인 눈구멍 안에 있는 공 모양의 기관.
>
> • 귓바퀴: 겉으로 드러난 귀의 가장자리 부분.
>
> • 성대: 목구멍의 가운데에 있는, 내쉬는 숨에 의해 떨려서 소리를 내는 주름 모양의 기관.

1 (　　　　　　　　)을/를 기증받아서 잃어버린 시력을 회복했다.

2 너무 부끄러워서 (　　　　　　　　)이/가 빨개졌다.

3 오늘 (　　　　　　　　)을/를 교정하러 치과에 갈 예정이다.

4 우리가 말을 하면 (　　　　　　　　)이/가 빠르게 열리고 닫히면서 목소리를 낸다.

241025-0175

6 다음 빈칸에 공통으로 들어갈 낱말은 무엇인가요?

> • 아저씨는 (　　　　)가 훤히 보일 정도로 머리가 많이 벗어졌다.
>
> • 햇볕이 내리쬐는 곳에서 계속 있었더니, (　　　　)가 뜨끈뜨끈 익는 것 같았다.

① 안구

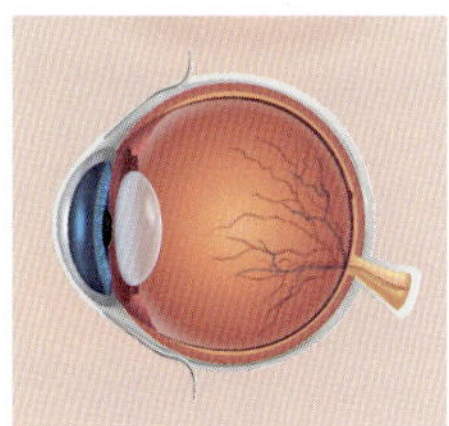

② 허파

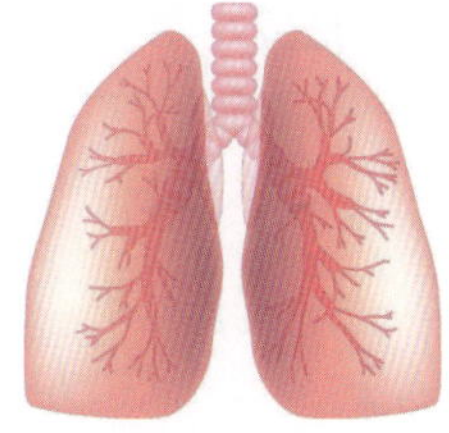

③ 귓바퀴

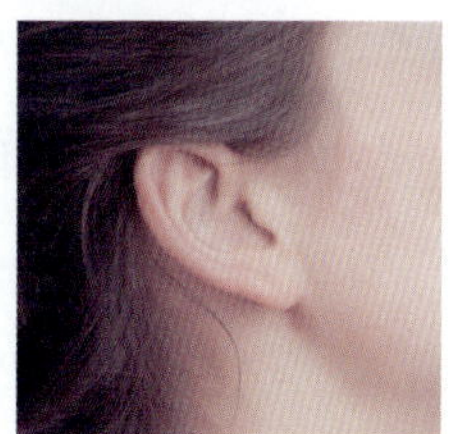

④ 정수리

⑤ 뻐드렁니

1~3 다음 글을 읽고 물음에 답해 보세요.

어머니는 오후에 눈이 불편하여 안과에 다녀오셨다. 병원에서 안구 건조증이라는 진단을 받으셨다고 했다. 평소 건강에 관심이 많은 나는 안구 건조증이 무엇인지 궁금하여 인터넷으로 검색해 보았다. '안구'는 눈구멍 안에 있는 동그란 기관이라고 되어 있었다. 우리가 흔히 말하는 눈알을 한자어로 표현한 것이다. '건조'는 말라서 습기가 없는 것을 뜻한다. 종합을 해 보니 눈에 습기가 없어서 건조한 증상을 안구 건조증이라고 하는 것이었다. 우리가 종종 듣는 말 중에 ㉠'몸이 천 냥이면 눈이 구백 냥'이라는 말이 있다. 나중에 후회하는 일이 없도록 평소에 눈 건강을 잘 지켜야겠다고 생각했다.

내일은 뻐드렁니를 교정하러 치과에 가는 날이다. 치과에 갈 생각을 하니 벌써 심장이 쿵쾅거렸다. (㉡)을/를 재어 보았다. 엄청 뚜렷하고 빠르게 뛰고 있었다. 진정하려고 거실 창문을 열고 심호흡하였다. 그런데 이게 무슨 냄새지? 어디선가 흘러 들어온 담배 연기! 코와 입을 막으며 "윽, 담배 연기! 설마 내 허파에 이상이 생기는 것은 아니겠지?"라고 말하며 얼른 거실 창문을 닫았다. 누나가 이러는 내 모습을 보고는 "건강 염려증이 심하군."이라고 말했다.

'건강 염려증?' 건강을 잃으면 다 잃는다는 말이 있다. 누가 뭐라 해도 난 건강에 대해 계속해서 신경을 많이 쓸 것이다.

241025-0176

1 윗글의 글쓴이에 대한 설명으로 알맞은 것은 무엇인가요?

① 눈이 불편해서 안과에 다녀왔다.

② 치과에 가는 것을 두려워하지 않는다.

③ 뻐드렁니가 있어 치과에 교정하러 가야 한다.

④ 안구 건조증이 무엇인지 어머니께 여쭈어 보았다.

⑤ 건강 염려증이 유난히 심한 누나를 보고 걱정했다.

241025-0177

2 ㉠이 강조하는 내용으로 알맞은 것은 무엇인가요?

① 눈보다 몸이 더 중요하다.

② 건강은 돈으로도 살 수 없다.

③ 눈이 좋아야 돈도 벌 수 있다.

④ 우리 몸의 건강은 무엇보다 소중하다.

⑤ 눈은 우리 몸에서 무척 중요한 기관이다.

241025-0178

3 주어진 초성과 뜻을 참고하여, ㉡에 들어갈 말을 써 보세요.

ㅁ ㅂ : 심장 박동에 따라 나타나는 동맥의 주기적인 움직임.

씨앗에서 싹이 트고 자라서 꽃이 피고 열매를 맺어 다시 씨앗을 만드는 과정을 '식물의 한살이'라고 해요. 식물 중에는 한 해만 사는 것도 있고, 여러 해 동안 사는 식물도 있답니다.

1. <보기>의 식물 중에서 내가 알고 있는 한해살이 식물에 ○표 하세요.

보기

벼	쑥	갈대	국화	감나무	강낭콩	나팔꽃
배나무	봉숭아	비비추	코스모스	해바라기		

한해살이 식물

봄에 싹이 트고, 자라서 꽃이 피고, 그해 가을에 열매를 맺고 죽는 식물이에요. **벼, 강낭콩, 봉숭아, 나팔꽃, 해바라기, 코스모스, 채송화** 등의 풀 종류가 있지요.

벼의 한살이 과정

(씨에서 싹이 터서 자란다.) (무성하게 자라서 꽃이 핀다.) (열매를 맺어 씨앗을 남긴다.) (시든 후 죽는다.)

여러해살이 식물

여러 해 동안 죽지 않고 사는 식물이에요. 풀 종류는 **비비추, 쑥, 국화, 갈대, 잔디** 등이 있어요. 나무 종류는 **감나무, 복숭아나무, 배나무** 등이 있어요.

비비추의 한살이 과정

 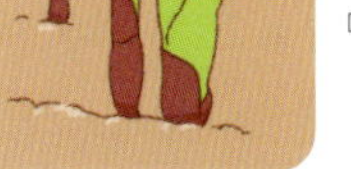    

(싹이 터서 자란다.) (잎이 무성해지고 꽃이 핀다.) (꽃이 지고 열매가 맺힌다.) (땅속 부분만 살아남는다.) (뿌리에서 다시 싹이 난다.)

감나무의 한살이 과정

(3~5년 동안 자란다.) (3~5년 후 꽃이 핀다.) (열매가 열린다.) (잎이 떨어지고, 땅 윗부분도 살아 있다.) (새잎이 나오고 자란다.)

2. 다음은 한해살이 식물과 여러해살이 식물의 공통점을 쓴 것입니다. 빈칸에 알맞은 낱말을 써 보세요.

씨앗이 싹이 터서 잎과 줄기가 자라 꽃이 피고 ☐☐을/를 맺어 대를 잇는다.

주변을 살펴보아요

측정

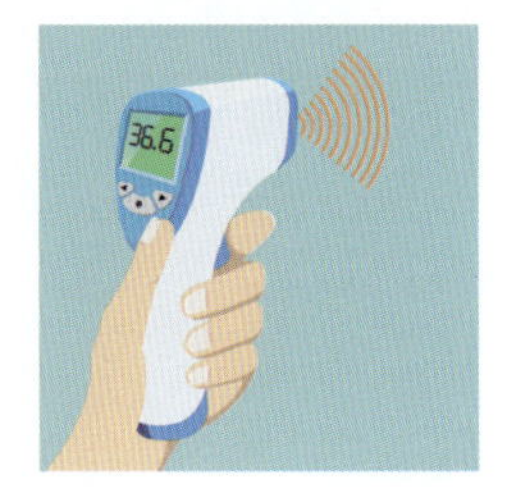

잴 測 + 정할 定

일정한 양을 기준으로 하여 같은 종류의 다른 양의 크기를 잼.

㉘ 체력 **측정**을 위해 50m 달리기를 하였다.

👆 **친절한샘** 도구나 장치를 이용하여 '측정'할 수 있어요. 측정하는 목적에 따라 서로 다른 도구를 쓸 수 있어요. 체온을 잴 때는 체온계, 길이를 잴 때는 자를 사용할 수 있죠.

소음

떠들 騷 + 소리 音

불쾌하고 시끄러운 소리.

㉘ 공사장 주변에는 큰 **소음**이 있다.

👆 **친절한샘** '소음'이 불쾌하고 시끄러운 소리를 말한다면, '**소동**'은 시끄럽게 떠들고 행동하는 일을 말해요. 또, 시끄럽고 정신없게 복잡한 것을 '**소란**'이라고 하고, 많은 사람들이 시끄럽게 떠드는 모양을 '**시끌벅적**'이라고 해요.

방음벽

막을 防 + 소리 音 + 벽 壁

한쪽의 소리가 다른 쪽으로 새어 나가거나 새어 들어오는 것을 막기 위해서 설치한 벽.

㉘ **방음벽**을 설치하면 소음을 줄일 수 있다.

👆 **친절한샘** 안에서 나는 소리가 밖으로 나가거나 밖에서 나는 소리가 안으로 들어오는 것을 막는 것을 '**방음**'이라고 하고, 방음을 위해 설치한 벽을 '방음벽'이라고 해요.

압력

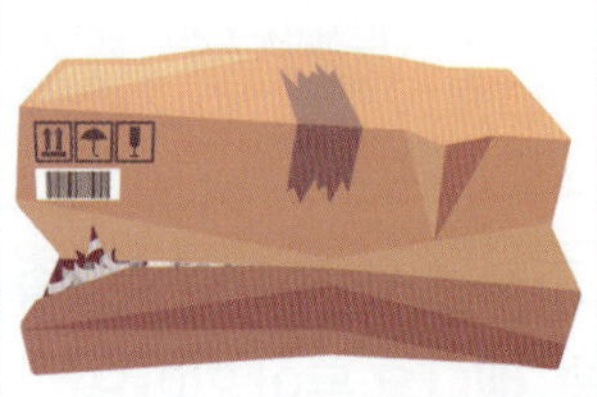

누를 壓 + 힘 力

누르는 힘.

㉘ 높은 **압력** 때문에 상자가 터졌다.

👆 **친절한샘** '압력'은 어떤 요구에 따르도록 강요하는 힘을 뜻하기도 해요. 이때는 '끈질긴 압력에도 꿋꿋하게 버텼다.'처럼 쓰여요.

부피

물체가 차지하는 공간의 크기.

㉘ 병의 크기가 클수록 담을 수 있는 **부피**가 크다.

👆 **친절한샘** 부피가 같아도 저울에 달아보면 무게가 다르기도 해요. 이것은 부피가 같아도 '**밀도**'가 다르기 때문이에요. '밀도'는 빽빽이 들어선 정도란 뜻으로, 물체의 고유한 양인 '**질량**'을 '부피'로 나눈 값이에요.

변화

변할 變 + 될 化

무엇의 모양이나 상태, 성질 등이 달라짐.

㉘ 날씨 **변화**를 정확히 맞히기는 어렵다.

👆 **친절한샘** 변화가 아주 심할 때 '**변화무쌍**'이라고 해요. 날씨가 자주 변할 때 '변화무쌍한 날씨'라고 표현해요.

표면

겉 表 + 겉 面

사물의 가장 바깥쪽. 또는 가장 윗부분.

예 얼음을 넣은 병 **표면**에 물방울이 맺혔다.

친절한샘 '표면'의 비슷한말에는 '**겉면, 외면**'이 있어요. '표면'은 '겉으로 나타나거나 눈에 띄는 부분.'이라는 뜻도 있는데, 이때는 '표면으로는 괜찮은 척했다.'처럼 쓰여요. '표면'의 반대말은 '물체의 뒤쪽 면.', '겉으로 나타나거나 눈에 보이지 않는 부분.'을 뜻하는 '**이면**'이에요.

차지하다

① 사물이나 공간, 지위 등을 자기 몫으로 가지다.

② 일정한 공간이나 비율을 이루다.

예 병에 동전을 넣으면 일정한 공간을 **차지한다**.

친절한샘 혼자서 다 가지는 것을 '**독(獨)차지하다**'라고 해요. '인기를 독차지하다.'처럼 쓰여요. '차지하다'와 비슷한 뜻을 가진 낱말로는 '**가지다, 소유하다**'가 있어요.

어휘 더하기

정답과 해설 29쪽

물질의 상태에 따른 분류(고체 / 액체 / 기체)

	**고체** 일정한 굳은 모양과 부피를 가지고 있어서 만지고 볼 수 있는 물질. 예 책, 의자, 책상 등
	**액체** 물, 기름과 같이 부피가 있으나 일정한 형태가 없으며 흐르는 성질이 있는 물질. 예 우유, 물 등
	**기체** 일정한 모양이나 부피가 없고 널리 퍼지려는 성질이 있어 자유롭게 떠서 돌아다니는 물질. 예 공기, 산소, 이산화 탄소 등

물질은 상태에 따라 '고체', '액체', '기체'로 분류할 수 있어요.

'고체'는 일정한 모양과 부피를 가지고 있으며, 담는 그릇에 따라 모양과 부피가 변하지 않는 물질의 상태를 말해요.

'액체'는 담는 그릇에 따라 모양이 변하지만, 부피는 변하지 않는 물질의 상태를 말해요.

우리 주변에서 찾을 수 있는 '고체'에는 책상, 책, 의자 등이 있고, '액체'에는 물, 우유 등이 있어요.

'기체'는 담는 그릇에 따라 모양과 부피가 변하고 담긴 그릇을 항상 채우는 물질의 상태를 말해요. 우리 주변에 있는 공기를 생각하면 기체에 대해서 쉽게 이해할 수 있어요.

다음 문장에서 알맞은 낱말을 골라 ○표 하세요.

책상, 책, 의자 등 일정한 모양과 부피를 가진 물질의 상태를 (고체 / 액체 / 기체)라고 한다.

241025-0179

1 빈칸에 들어갈 낱말의 초성과 뜻을 보고, 알맞은 낱말을 써넣어 문장을 완성해 보세요.

1 지구의 | ㅍ ㅁ |에서는 산, 바다, 강, 호수 등 다양한 모습을 볼 수 있다.
  사물의 가장 바깥쪽. 또는 가장 윗부분.

2 나는 물건을 정리할 때 | ㅂ ㅍ |이/가 큰 물건을 아래쪽에 넣는다.
  물체가 차지하는 공간의 크기.

3 간호사는 체온계로 체온을 | ㅊ ㅈ |하였다.
  일정한 양을 기준으로 하여 같은 종류의 다른 양의 크기를 잼.

241025-0180

2 다음 낱말의 뜻을 읽고, 빈칸에 공통으로 들어갈 알맞은 말을 써 보세요.

소음	불쾌하고 시끄러운 □□.
방음벽	한쪽의 □□이/가 다른 쪽으로 새어 나가거나 새어 들어오는 것을 막기 위해서 설치한 벽.

241025-0181

3 다음 ㉠~㉢에 들어갈 말을 바르게 짝 지은 것은 무엇인가요?

> • 압력: 누르는 (㉠).
> • 변화: 무엇의 모양이나 상태, 성질 등이 (㉡).
> • 차지하다: 사물이나 공간, 지위 등을 자기 몫으로 (㉢).

	㉠	㉡	㉢
①	힘	달라짐	가지다
②	힘	가짐	달라지다
③	힘	다양함	가지다
④	모양	셈	설명하다
⑤	모양	달라짐	설치하다

241025-0182

4 왼쪽의 밑줄 친 말과 비슷한 의미를 가진 낱말을 오른쪽에서 찾아 선으로 바르게 이어 보세요.

1 비행기가 이륙하거나 착륙할 때는 <u>시끄러운 소리</u>가 난다.　•　　　•　㉠ 소음

2 지구의 <u>바깥쪽</u>을 관찰하면 바다, 산 등 다양한 모습을 볼 수　•　　　•　㉡ 압력
있다.

3 <u>누르는 힘</u>이 매우 강했다.　•　　　•　㉢ 표면

241025-0183

5 다음 낱말 풀이와 예를 보고 빈칸에 공통으로 들어갈 말을 쓰세요.

> ☐☐무쌍: 변화가 아주 심함.
>
> ⑩ ☐☐무쌍한 봄 날씨.

241025-0184

6 다음 만화에서 ㉠~㉣에 들어갈 알맞은 말을 〈보기〉에서 찾아 써 보세요.

〈보기〉

측정　　소음　　방음　　부피　　변장　　변화무쌍　　차지　　공항

1~3 다음 글을 읽고 물음에 답해 보세요.

일상생활 속에서도 과학의 원리를 발견할 수 있습니다.

먼저, 도로에서 볼 수 있는 방음벽에도 과학의 원리가 숨어 있습니다. 소리가 주변으로 퍼지다가 방음벽에 부딪치게 되면, 소리의 방향이 다른 쪽으로 바뀌거나 소리가 방음벽에 흡수되어 도로 밖으로 퍼지는 소리가 줄어듭니다. 방음벽을 설치한 후 소음을 (㉠)하면 소음이 줄어든 것을 확인할 수 있습니다.

다음으로는 여름철 바닷가에서 가지고 노는 공을 관찰할 때 과학의 원리를 발견할 수 있습니다. 더운 여름철 바닷가에서 가지고 노는 공이 부풀어 오르는 이유는 온도가 높아지면 기체의 부피가 커지기 때문입니다.

또, 얼음물이 담긴 컵에서도 과학의 원리를 발견할 수 있습니다. 얼음물이 담긴 컵을 살펴보면 컵 ㉡표면에 물방울이 맺히는 것을 볼 수 있습니다. 여기에는 기체인 수증기가 액체로 변하면서 나타나는 현상인 '응결'이라는 과학 원리가 숨어 있습니다.

세 가지 사례를 통해 생활 속에 숨겨진 과학의 원리를 알아보았습니다. 이렇게 생활 속에서 과학 원리를 찾아보면 과학을 더 쉽게 이해할 수 있습니다.

241025-0185

1 윗글의 내용과 일치하지 <u>않는</u> 것은 무엇인가요?

① 온도가 높아지면 기체의 부피가 커진다.

② 방음벽을 설치하면 소음을 줄일 수 있다.

③ 생활 속에서도 과학 원리를 찾을 수 있다.

④ 액체인 물이 기체인 수증기로 변하는 현상을 응결이라고 한다.

⑤ 방음벽은 주변으로 퍼지는 소리를 흡수하거나 소리의 방향을 바꿔 준다.

241025-0186

2 <보기>의 설명과 초성을 참고하여 ㉠에 들어갈 알맞은 말은 무엇인지 써 보세요.

보기

일정한 양을 기준으로 하여 같은 종류의 다른 양의 크기를 잼.

ㅊ ㅈ

241025-0187

3 윗글의 ㉡을 대신할 수 있는 낱말로 적절한 것은 무엇인가요?

① 겉면   ② 표지   ③ 표시

④ 이면   ⑤ 받침

💬 다음 만화를 보고, 밑줄 친 속담의 뜻을 추측하여 말해 보세요.

✏️ '종소리가 잘 들리면 비가 온다'

종소리가 잘 들리면 비가 온다는 속담 속에는 과학적 원리가 들어 있어요. 맑은 날씨에는 땅이 따뜻해서 공기의 움직임이 빨라져서 소리가 흩어지기 쉬워요. 흐린 날씨에는 땅이 따뜻하지 않아서 소리가 흩어지지 않고 잘 들려요. 그래서 비가 오기 전 흐린 날씨에는 멀리서 나는 소리도 잘 들을 수 있답니다.

활동 빈칸에 '비'가 들어가는 속담을 찾아 ☐ 안에 ✔표 하세요.

☐ ㉠ (　　　) 온 뒤에 땅이 굳어진다
⇨ 어려운 일을 경험한 뒤에 더 강해진다.

☐ ㉡ (　　　) 앞의 등불
⇨ 매우 위태롭고 불안한 처지.

☐ ㉢ (　　　)이/가 무너져도 솟아날 구멍이 있다
⇨ 아무리 힘들고 어려운 일이 생겨도 해결할 방법은 있기 마련이다.

경험

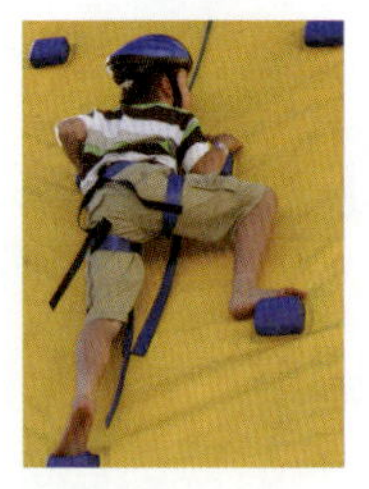

지날 經 + 경험할 驗

자신이 실제로 해 보거나 겪어 봄. 또는 거기서 얻은 지식이나 기능.

ⓔ 방학 동안 다양한 **경험**을 했다.

👆친절한샘 '경험' 중에서 몸으로 직접 겪은 것을 '**체험**' 또는 '**직접 경험**'이라고 해요. 이와 달리 책이나 인터넷 등을 통해 얻은 경험을 '**간접 경험**'이라고 해요.

신화

신 神 + 말할 話

① 신이나 신 같은 존재에 대한 신비스러운 이야기.
② 예부터 전해져 내려오는 신성한 이야기.

ⓔ 아이는 '그리스-로마 **신화**'를 읽고 있다.

👆친절한샘 '신화'는 아득한 옛날 신성한 장소를 배경으로 해요. 신 또는 신의 자손이 주인공으로 등장하는데, '단군 신화', '주몽 신화' 등과 같이 나라를 세우는 내용이 많아요.

전설

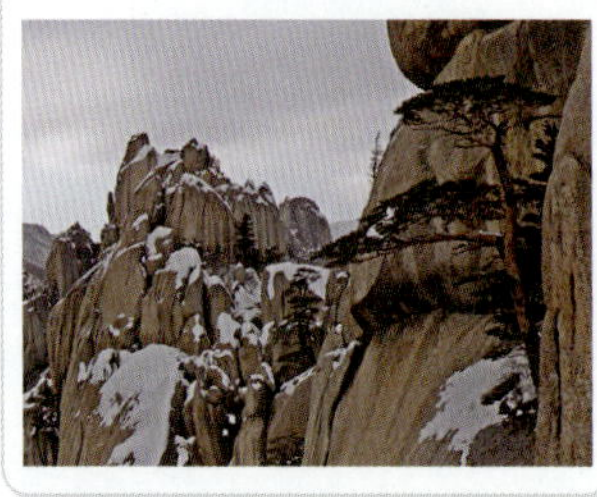

전할 傳 + 말씀 說

오래전부터 전해 내려오는 이야기.

ⓔ 저 바위와 관련된 **전설**이 전해지고 있어.

👆친절한샘 '전설'은 '민담'과 달리 구체적인 시간과 장소를 배경으로 해요. 그리고 특이한 자연물이나 건축물이 이야기의 증거물로 남아 있다는 특징이 있어요.

민담

백성 民 + 이야기 譚

예로부터 사람들 사이에서 전해져 내려오는 이야기.

ⓔ 이 책에는 재미있는 **민담**들이 모여 있어.

👆친절한샘 "옛날 옛적 어느 곳에……"와 같이 막연한 배경으로 시작하는 '민담'은 대부분 평범한 사람이 주인공으로 나와요.

구연동화

입 口 + 연기할 演
+ 아이 童 + 말씀 話

실감 나고 재미있게 말로 들려주는 동화.

ⓔ 누나가 동생에게 **구연동화**를 들려주었다.

👆친절한샘 '구연'은 입으로 하는 연기라고 할 수 있어요. 여러 사람 앞에서 어떤 이야기의 내용을 실감 나고 재미있게 말로 들려주는 것이죠.

구성

얽을 構 + 이룰 成

여러 필요한 사람이나 몇 가지의 부분 혹은 요소를 모아서 하나로 만드는 일. 또는 그 이룬 결과. = 짜임새

ⓔ 팀 **구성**을 마쳤다.

👆친절한샘 '구성'은 문학 작품 등에서 이야기를 이루는 여러 요소를 결합하여 전체적인 통일을 꾀하는 일이라는 뜻도 있어요. 이야기를 구성하는 3요소는 '**인물**', '**사건**', '**배경**'이에요.

극본

연극 劇 + 근본 本

영화나 연극, 드라마를 만들기 위해 쓴 글.

(예) 배우들이 **극본**을 외우며 연기를 연습하고 있다.

친절한샘 '극본'에는 배우의 동작이나 대사, 무대 장치 따위가 구체적으로 적혀 있어요. '극본'의 비슷한말로 **'각본'**과 **'대본'**이 있어요. 연극을 위한 극본을 **'희곡'**이라고 하고, 영화를 위한 극본을 **'시나리오'**라고 해요.

면담

얼굴 面 + 말씀 談

서로 만나서 이야기함.

(예) 윤아는 방과 후에 선생님과 **면담**을 하기로 했다.

친절한샘 '면담'과 헷갈리기 쉬운 말로 **'상담'**이 있어요. '서로 상(相)'과 '말씀 담(談)'을 쓰는 '상담'은 문제를 해결하거나 궁금증을 풀기 위하여 서로 의논한다는 뜻이에요. 요즘에는 '면담'도 고민이나 문젯거리를 가지고 이야기한다는 점에서는 유사하다고 할 수 있겠네요.

어휘 더하기

정답과 해설 30쪽

바르게 발음해요

- 연료 ⇨ [열료]
- 설날 ⇨ [설ː랄]
- 한라산 ⇨ [할ː라산]
- 칼날 ⇨ [칼랄]

- 생산량 ⇨ [생산냥]
- 판단력 ⇨ [판단녁]
- 의견란 ⇨ [의ː견난]
- 등산로 ⇨ [등산노]

자음 'ㄴ'과 'ㄹ' 또는 'ㄹ'과 'ㄴ'이 만났을 때, 자음을 그대로 발음하려면 무척 힘이 들어요. 그래서 발음을 보다 쉽게 하기 위해 'ㄴ'을 'ㄹ'로 바꾸어 발음하는 것을 원칙으로 해요.

그런데 한자어 중에서 어떤 낱말들은 'ㄴ' 다음에 오는 'ㄹ'을 [ㄴ]으로 발음하는 것도 있어요.

※ 발음에 'ː' 표시가 있는 것은 길게 발음해야 해요.

다음 문장에서 밑줄 친 말의 발음을 정확하게 써 보세요.

신라의 화랑들이 모여 훈련을 합니다.
[　　] 　　　　　　[　　]

241025-0188

1 다음 학생들의 경험 중, 직접 경험에 해당하는 것만을 모두 고른 것은 무엇인가요?

㉮ 철호는 형의 설명을 듣고 운동이 공부에도 도움이 된다는 것을 알게 되었다.

㉯ 수연이는 학교에서 열린 장터에서 어릴 때 읽었던 동화책을 가져와 팔았다.

㉰ 아현이는 여행 책을 통해 아프리카에 대한 정보를 얻을 수 있었다.

㉱ 보람이는 지난 주말에 부모님과 함께 도시락 배달하기 봉사 활동에 참가하였다.

① ㉮, ㉯　　　　② ㉮, ㉰　　　　③ ㉯, ㉱
④ ㉮, ㉯, ㉰　　　⑤ ㉯, ㉰, ㉱

241025-0189

2 다음 글의 ㉠~㉢에 들어갈 알맞은 말을 차례대로 나열한 것은 무엇인가요?

> 　우리 친구들이 좋아하는 옛날이야기는 크게 세 가지로 나눌 수 있어요. 먼저, (㉠)은/는 신이나 신의 자손이 주인공으로 등장해요. 우리나라에는 국가를 세운 것과 관련한 이야기가 많이 전해지죠. (㉡)은/는 특정한 지역에서 내려오는 이야기로, 그곳에 특이한 자연물이나 건물 같은 구체적인 증거물이 있다는 특징이 있어요. 그리고 '옛날 어느 마을에'로 시작하는 (㉢)은/는 평범한 사람이 주인공으로 등장하고 흥미롭고 재미있는 사건을 다룬답니다.

	㉠	㉡	㉢		㉠	㉡	㉢
①	신화	민담	전설	②	신화	전설	민담
③	전설	민담	신화	④	전설	신화	민담
⑤	민담	전설	신화				

241025-0190

3 이야기나 소설을 구성할 때 꼭 들어가야 할 세 가지는 무엇인지, 초성과 뜻풀이를 참고하여 쓰세요.

1	ㅂ ㄱ	시간적, 공간적, 사회적 환경.
2	ㅇ ㅁ	일정한 상황에서 일정한 역할을 하는 사람.
3	ㅅ ㄱ	관심이나 주목을 끌 만한 일.

241025-0191

4 밑줄 친 낱말을 바르게 발음한 것은 무엇인가요?

① 공부는 진리[진니]를 찾기 위한 과정이라고 할 수 있어.

② 시간표가 갑자기 바뀌어서 학생들이 혼란[혼ː난]을 겪었다.

③ 학교에 건의할 내용이 있으면 의견란[의ː결란]에 적어 주세요.

④ 자신에게 주어진 의무를 다할 때 비로소 권리[궐리]도 주장할 수 있어.

⑤ 길고 흰 수염에 지팡이를 짚은 할아버지의 모습이 마치 산신령[산신녕]과 같았다.

241025-0192

5 다음 만화의 ㉠~㉢에 들어갈 알맞은 말을 <보기>에서 찾아 써 보세요.

보기

| 극본 | 면담 | 구연동화 | 시나리오 |

1~3 다음 글을 읽고 물음에 답해 보세요.

햇볕이 내리쬐는 무척 더운 날이었어요. 아버지와 아들이 당나귀를 팔기 위해 시장에 가고 있었어요. 더운 날씨 탓에 당나귀를 끌고 가는 아버지와 아들의 이마에는 땀이 송골송골 맺혔어요. 이 모습을 본 이웃들이 비웃으며 수군거렸어요.

"쯧쯧, 이 더운 날씨에 당나귀를 타고 가면 편할 텐데……."

"그러게요. 당나귀는 ㉠원래 짐을 싣거나 사람을 태우는 동물이잖아요."

이웃의 말이 옳다고 여긴 아버지는 아들을 당나귀에 태웠어요. 그렇게 한참을 가는데 한 노인이 큰 소리로 꾸짖었어요.

"이런 천하의 불효자 같으니라고. 아버지는 걷게 하고 자기만 편하게 타고 가는 게 말이 돼?"

노인의 말이 옳다고 여긴 아버지는 아들을 걷게 하고, 자기가 당나귀에 탔어요. 그렇게 한참을 가는데 이번에는 우물에서 물을 긷던 아주머니들이 혀를 차며 쓴소리를 했어요.

"어린 아들은 힘들게 걷는데, 아버지라는 사람이 자기만 편하게 가고 있네."

아주머니들의 말이 옳다고 여긴 아버지는 아들도 당나귀에 타도록 했어요. 그렇게 시장에 가까워질 무렵 한 청년이 안타까워하며 말했어요.

"두 사람이나 타면 당나귀가 쓰러질 수 있잖아요. 그러면 어떻게 팔겠어요?"

청년의 말이 옳다고 여긴 아버지는 서둘러 아들과 함께 당나귀에서 내렸어요.

241025-0193

1 위 이야기의 배경을 아래에 정리해 써 보세요.

1	시간	햇볕이 내리쬐는 무척 (　　　　　　)
2	공간	(　　　　　　)에 가는 길

241025-0194

2 위 이야기의 중심인물인 '아버지와 아들'에 대한 설명으로 알맞은 것은 무엇입니까?

① 웃어른을 공경하는 태도가 없다.

② 다른 사람의 말을 잘 믿지 않는다.

③ 다른 사람의 의견과 반대로 행동한다.

④ 다른 사람의 의견을 무조건 받아들인다.

⑤ 스스로 깊이 생각한 후에 행동으로 옮긴다.

241025-0195

3 ㉠을 바르게 소리 내어 읽고, 소리 나는 대로 쓰세요.

원래 ⇨ [　　　　　　]

정답과 해설 30쪽

다음 만화를 보고, 밑줄 친 말의 뜻을 추측하여 말해 보세요.

'견묘지간(犬猫之間)'

개와 고양이 사이라는 뜻으로, 서로 좋지 못한 사이를 이르는 사자성어입니다. 고양이 자리에 원숭이를 뜻하는 '원(猿)'을 넣은 '견원지간(犬猿之間)'이라는 말과 같은 뜻입니다.

예 지수와 선호는 <u>견묘지간</u>이라 만나기만 하면 말다툼을 벌인다.

다음 한자를 따라 쓰면서 '견묘지간'의 뜻을 익혀 보세요.

犬	猫	之	間	犬	猫	之	間
개 견	고양이 묘	어조사 지	사이 간	견	묘	지	간

활동 다음 속담의 뜻을 참고할 때, 빈칸에 '개'가 들어가는 속담을 찾아 □ 안에 ✔표 하세요.

□ ㉠ 고양이 앞에 (　　　　): 무서운 사람 앞에서 꼼짝 못 함을 뜻하는 말.

□ ㉡ 고양이 (　　　　) 보듯: 사이가 매우 나빠서 서로 해칠 기회만 찾는 모양을 뜻하는 말.

□ ㉢ 고양이한테 (　　　　)을/를 맡기다: 어떤 일을 믿지 못할 사람에게 맡겨 놓아 걱정이 들다.

241025-0196

1 밑줄 친 말과 바꿔 쓸 수 있는 말을 바르게 연결한 것은 무엇인가요?

① 표면이 매끄럽다. – 안구

② 책을 빠르게 훑어보았다. – 차지했다

③ 마을에 육지와 섬을 이어 주는 다리가 생겼다. – 땅

④ 나도 모르게 표정에서 속마음이 드러났다. – 공유했다

⑤ 오늘 날씨는 정수리가 쭈뼛 곤두설 만큼 추웠다. – 이마

241025-0197

2 낱말과 그 뜻이 바르게 짝 지어지지 <u>않은</u> 것은 무엇인가요?

① 수면 – 물의 표면.

② 개성 – 다른 것과 구별되는 고유의 특성.

③ 도입 – 무엇의 모양이나 상태, 성질 등이 달라짐.

④ 이동 – 움직여서 옮김. 또는 움직여서 자리를 바꿈.

⑤ 감정 – 일이나 대상에 대하여 마음에 일어나는 느낌이나 기분.

241025-0198

3 밑줄 친 낱말이 알맞게 쓰였는지 ○, ×를 따라가며 선을 그어 보세요. 선을 그어 나오는 번호는 무엇인가요?

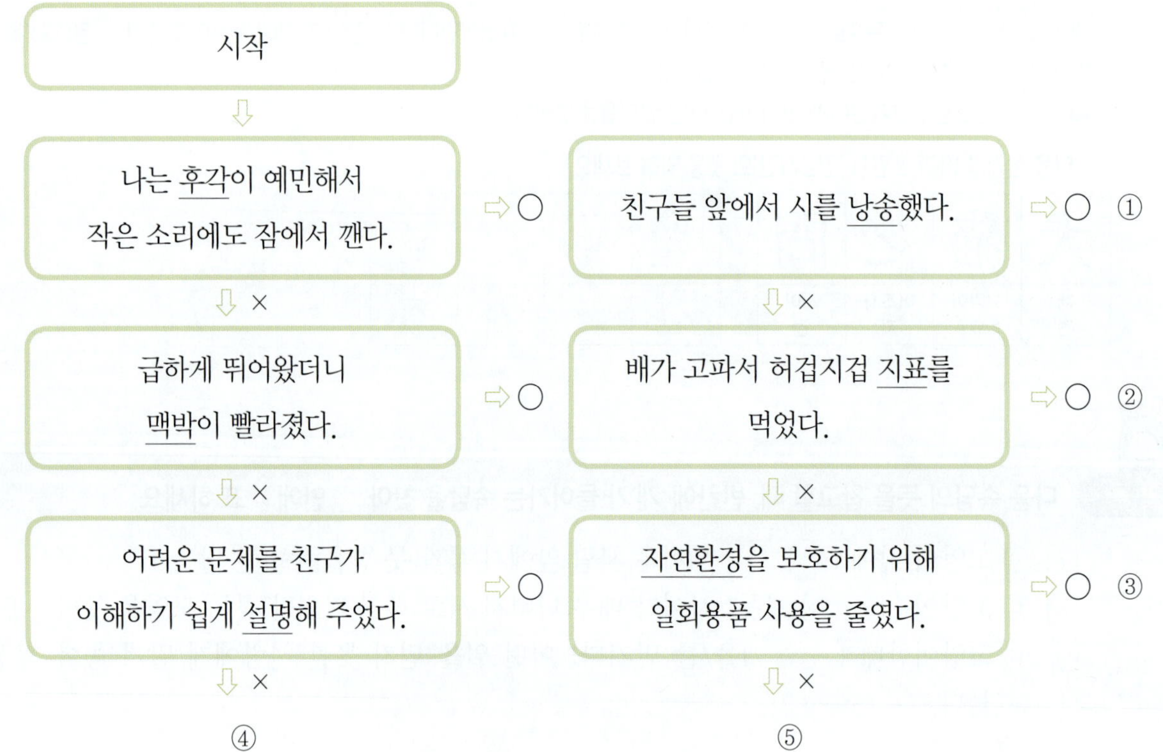

241025-0199

4 다음 대화의 빈칸에 들어갈 알맞은 말은 무엇인가요?

> 세영: 지수야, 너 고양이 키우지? 어떻게 생겼어?
>
> 지수: 응, 내가 키우는 고양이 랑이를 [ ] 해 볼게. 랑이의 털은 대부분 갈색이고 입 주변만 하얀색 털이 있어. 또, 귀가 세모 모양이야.

① 묘사 ② 대본 ③ 압력 ④ 전개 ⑤ 전설

241025-0200

5 제시된 낱말의 뜻은 무엇인지 알맞은 말을 골라 ○표 하세요.

1 허파: 동물과 사람의 가슴 속 양쪽에 있는, (숨을 쉬게 / 소리를 내게) 하는 기관.

2 면담: 서로 (만나서 / 전화로) 이야기함.

241025-0201

6 낱말의 초성을 참고하여, 다음 문장의 빈칸에 어울리는 낱말을 찾아 표시해 보세요.

- 공연에서 최선을 다하는 배우들의 모습에 [ㄱ ㄷ] 을/를 받았다.
- [ㄴ ㅊ ㅂ] 을/를 이용하여 북쪽을 찾아보기로 했다.
- 친구가 [ㄱ ㅈ ㄱ ㄹ] 이/가 많아 한숨도 못 잤다고 했다.
- 선생님께서는 체계적인 [ㄱ ㅅ] 을/를 갖춘 보고서에 높은 점수를 주셨다.
- [ㅊ ㅈ] 할 때마다 무게가 달라지는 것을 보니 저울이 고장 난 것 같다.
- 그리스 [ㅅ ㅎ] 에는 많은 신들이 등장한다.

연	석	박	침	나	반	여	나
화	질	지	신	추	나	소	침
측	정	성	화	비	놀	적	반
비	겨	터	정	감	동	이	적
안	격	세	로	극	취	정	기
측	여	정	감	결	심	구	감
공	감	결	거	구	두	성	정
여	거	층	지	리	나	반	침

241025-0202

7 뜻이 비슷한 말끼리 짝 지어지지 <u>않은</u> 것은 무엇인가요?

① 극본 – 대본 ② 감동 – 감격 ③ 구성 – 짜임새

④ 상징 – 개성 ⑤ 분임 – 분담

241025-0203

8 밑줄 친 속담을 바르게 사용한 친구의 이름을 써 보세요.

241025-0204

9 낱말의 뜻을 보고, 빈칸에 들어갈 알맞은 낱말을 <보기>에서 찾아 번호를 써 보세요. 그리고 해당하는 번호 칸에 색칠해서 어떤 숫자가 나오는지 확인해 보세요.

보기	
1	분류
2	소식
3	분담
4	감상문
5	경험
6	방음벽

1 단추를 모양에 따라 [　] 했다.
여럿을 종류에 따라서 나눔.

2 음악을 듣고 음악 [　]을/를 썼다.
어떤 물건이나 현상을 보거나 듣고 나서 느낀 것을 쓴 글.

3 친구들과 역할을 [　]하여 교실 청소를 했다.
일이나 책임 등을 나누어 맡음.

2	6	5	6	5	6	2	6	2	6
6	5	1	1	3	4	4	3	2	6
6	6	4	4	1	1	3	1	6	2
2	5	5	6	6	2	3	3	5	5
6	6	4	1	3	4	1	1	5	2
6	5	3	1	3	1	3	4	5	2
2	6	6	2	2	6	4	3	5	2
6	5	1	4	4	4	1	4	2	5
2	6	3	1	1	1	1	3	5	5
2	6	5	6	2	6	6	2	5	2

10~12 다음 글을 읽고 물음에 답해 보세요.

진행자: 안녕하세요. 이렇게 인터뷰에 응해 주셔서 감사합니다. 최근 드라마에서 개성 있는 연기를 보여 주셨는데, 연기의 ㉠비결이 있을까요?

배우: ⓐ대본을 받으면 연기해야 하는 역할을 ⓑ분석하며 파악해요. 맡은 역할의 ⓒ감정에 ⓓ공감하려고 적극적으로 노력하죠. 그리고 감독님, 다른 배우들과 적극적으로 소통하며 연기에 대해 공유하려고 해요.

진행자: 개성 있는 연기 속에 숨은 노력이 있었네요. 그럼, 연기를 하지 않을 때는 주로 무엇을 하며 시간을 보내시나요?

배우: 주로 등산을 해요. 유명한 산들을 찾아다니는 것을 좋아해요. 물론 햇볕이 쨍쨍 내리쬐는 날에는 못 하지만요.

진행자: 유명한 산들을 등산하신다니 ⓔ인상적이네요. 마지막으로 앞으로 계획을 말씀해 주실 수 있을까요?

배우: 다음에는 새로운 연기로 시청자들을 만나고 싶어요.

진행자: 배우님의 새로운 연기 기대하겠습니다.

241025-0205

10 윗글의 배우에 대한 설명으로 알맞지 <u>않은</u> 것은 무엇인가요?

① 대본을 받으면 역할을 분석한다.

② 다른 배우들과 적극적으로 소통한다.

③ 햇볕이 내리쬐는 날에 등산을 즐긴다.

④ 최근 드라마에서 개성 있는 연기를 했다.

⑤ 자신이 맡은 역할의 감정에 공감하려고 노력한다.

241025-0206

11 ㉠과 바꾸어 쓸 수 있는 말로 알맞은 것은 무엇인가요?

① 설명   ② 소식   ③ 이동

④ 노하우   ⑤ 걱정거리

241025-0207

12 ⓐ~ⓔ의 뜻이 바르게 짝 지어지지 <u>않은</u> 것은 무엇인가요?

① ⓐ 대본: 연극이나 영화에서, 대사나 장면의 설명 등을 적어 놓은 글.

② ⓑ 분석: 더 잘 이해하기 위하여 어떤 현상이나 사물을 여러 요소나 성질로 나눔.

③ ⓒ 감정: 일이나 대상에 대하여 마음에 일어나는 느낌이나 기분.

④ ⓓ 공감: 어떤 것을 남에게 알기 쉽게 풀어 말함. 또는 그런 말.

⑤ ⓔ 인상적: 어떤 느낌이나 인상이 지워지지 않고 오래 기억에 남는 것.

인용 사진 출처

'고상하다', 신사임당, '초충도', 국립중앙박물관　20쪽

'본받다', 정창섭, "십경도" 중 '거북선 건조', 국가유산청 현충사 관리소　26쪽

'되새기다', 유관순 열사 수형중, 국사편찬위원회　26쪽

김홍도, "단원 풍속도첩", '씨름', 국립중앙박물관　50쪽

'지명', 두물머리, 양평군청　56쪽

'유래', 설렁탕, 선농단 역사문화관　57쪽

신사임당, "초충도", '가지와 방아깨비', ⓒ경기G뉴스　108쪽

'전설', 울산바위, 국립공원관리공단　140쪽

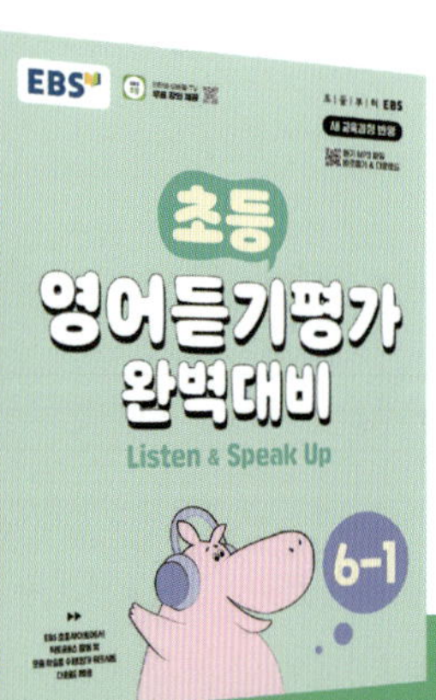

전국 시·도교육청 영어듣기능력평가 시행 방송사 EBS가 만든
초등 영어듣기평가 완벽대비

‘듣기 – 받아쓰기 – 문장 완성’을 통한 반복 듣기  듣기 집중력 향상 + 영어 어순 습득

다양한 유형의 **실전 모의고사 10회** 수록  각종 영어 듣기 시험 대비 가능

딕토글로스* 활동 등 **수행평가 대비 워크시트** 제공  중학 수업 미리 적응

* Dictogloss, 듣고 문장으로 재구성하기

초|등|부|터 EBS

새 교육과정 반영

국어 어휘 베스트셀러 시리즈

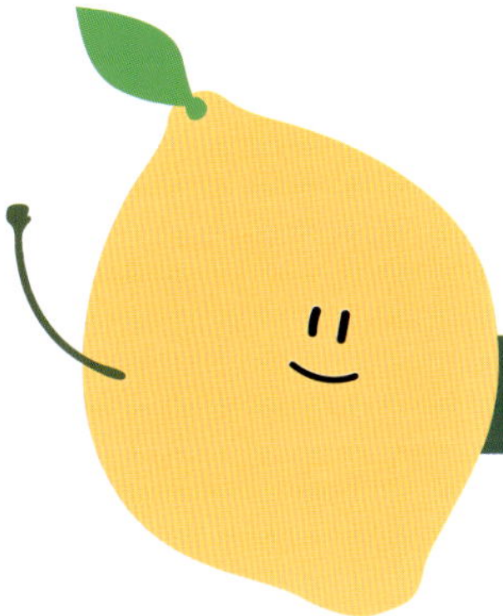

어휘가 독해다!

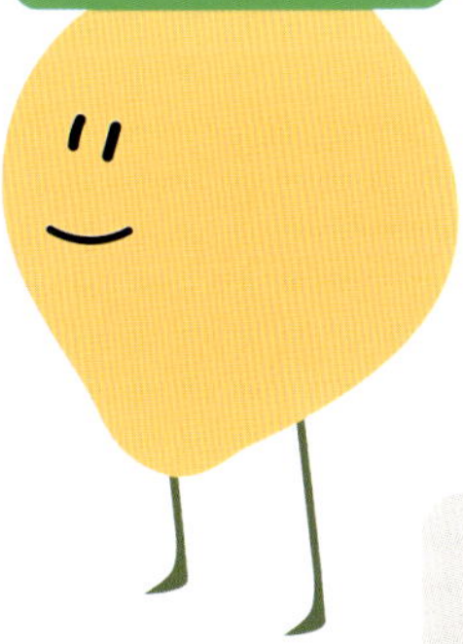

초등 국어 어휘

3단계

초등 3~4학년 권장

정답과 해설

2

1 돌이나 나무에 사람의 얼굴을 새겨서 마을 입구나 길가에 세워 놓은 말뚝은 '장승'입니다.

2 옛날에 유명한 화가가 아닌 사람이 실용적인 목적으로 그렸던 소박하고 재미있는 그림인 '민화'에 대한 설명입니다.

3

1 듣는 사람인 엄마는 높임의 대상이므로 '있어'를 '있어요'로 고쳐야 합니다.

2 할머니는 높임의 대상이므로 '데리고'의 높임말인 '모시고'를 써야 합니다.

3 성호가 높임의 대상이 아니라 선생님이 높임의 대상이므로 '오시래'를 '오라고 하셔'나 이를 줄인 '오라셔'로 고쳐야 합니다.

4 커피는 높임의 대상이 아니므로 '나오셨습니다'를 '나왔습니다'로 고쳐야 합니다.

4

㉠ 마을 사람들에게 옛날부터 전해 오는 생활 습관에 해당하므로 '풍속과 습관'을 뜻하는 '풍습'이 들어가기에 적절합니다.

㉡ 신에게 마을의 안녕을 비는 행동은 신을 믿고 따르며 받드는 일인 '신앙'과 관련이 있습니다.

㉢ 농산물을 기른다는 내용을 볼 때, '농경'이 들어가기에 적절합니다.

㉣ '환경을 생각해서'라는 내용을 볼 때, '무공해'가 들어가기에 적절합니다.

[오답풀이]

'농촌'은 '농사를 짓는 사람들이 주로 모여 사는 마을.'을 뜻합니다.

어휘 활용하기

1

장승과 솟대, 민화, 부적에는 공통적으로 나쁜 귀신이나 재앙을 피하고자 하는 조상들의 바람이 담겨 있습니다.

2

'농사를 짓는 일.'을 뜻하는 낱말은 '농경'입니다.

3

옛날에는 주로 농사를 짓고 살았는데, 가뭄이나 태풍, 홍수 등 자연재해가 닥치면 농사를 망치게 됩니다. 따라서 자연재해가 오지 않게 해 달라고 빌었던 것입니다.

어휘 펼치기

(1) 땅을 파고 위에 거적이 얹어져 있으므로 '움집'입니다.

(2) 얇은 나뭇조각이나 돌조각으로 지붕을 덮고 있으므로 '너와집'입니다.

(3) 짚이나 갈대 등을 묶어 지붕 위를 덮고 있으므로 '초가집'입니다.

(4) 기와를 이어서 지붕을 덮고 있으므로 '기와집'입니다.

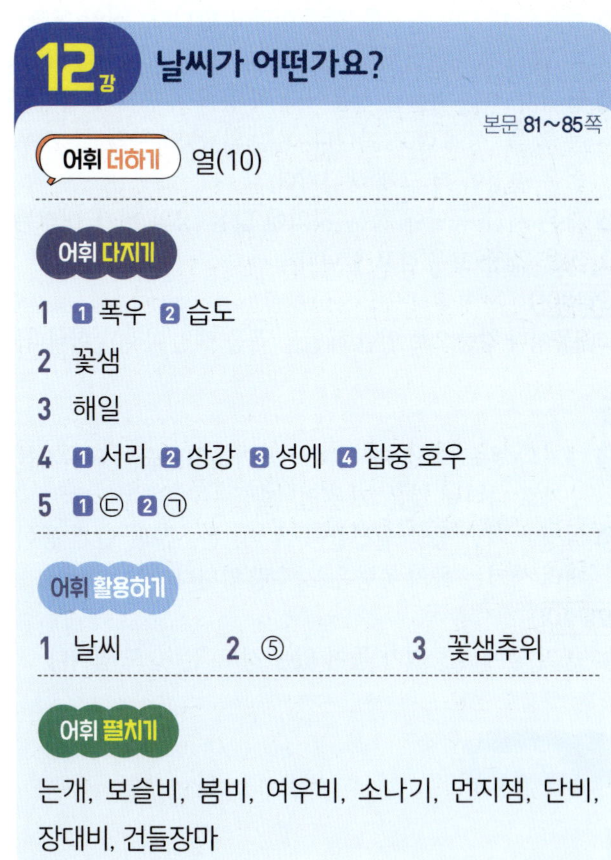

어휘 더하기

'한 말'은 한 되의 열 배이므로 열(10)이 들어가야 합니다.

어휘 다지기

1

1 갑자기 세차게 쏟아지는 비는 '폭우'입니다.

2 공기 중에 수증기가 들어 있는 정도는 '습도'입니다.

2

이른 봄, 꽃이 필 무렵에 찾아오는 추위를 '꽃샘추위'라고 합니다. 꽃이 피는 것을 시샘하는 듯한 추위를 말하는 순우리말입니다.

3

갑자기 바닷물이 크게 일어서 육지로 넘쳐 들어오는 것을 '해일'이라고 합니다. 바닷가에 있을 때 해안에서 지진 해일 특보가 발령되면 높은 곳으로 이동해야 합니다.

4

1 공기 중의 수증기가 땅 위의 물체 겉에 얼어붙은 것을 '서리'라고 합니다.
2 가을의 마지막 절기를 '상강'이라고 합니다. '상강(霜降)'은 '서리가 내린다.'라는 뜻을 가지고 있습니다.
3 날씨가 추운 겨울날 창문이나 벽 등에 수증기가 얼어붙은 것을 '성에'라고 합니다. 실내외 온도 차가 클 경우 얼음 결정이 더 크게 생깁니다.
4 짧은 시간 동안에 좁은 지역에 많은 양의 비가 내리는 것을 '집중 호우'라고 합니다.

(오답풀이)
태풍이나 강풍으로 인한 해일을 '폭풍 해일'이라고 합니다.

5

1 대기의 온도. 공기가 얼마나 차가운지, 또는 더운지를 숫자로 나타낸 것은 '기온'입니다.
2 일정한 기간 동안 일정한 곳에 비, 눈, 우박, 안개 등이 내려 생기는 물의 총량은 '강수량'입니다.

(오답풀이)
ⓒ '공기 중에 수증기가 들어 있는 정도.'는 '습도'입니다.

(어휘 활용하기)

1

날씨는 그날그날 바뀌는 대기의 상태를, 기후는 날씨의 평균적인 상태를 뜻합니다. 따라서 '기후'를 '날씨'로 고쳐야 합니다.

2

'강수량'은 비, 눈, 우박, 안개 따위로 일정 기간 동안 일정한 곳에 내린 물의 총량을 뜻합니다.

3

이른 봄, 꽃이 필 무렵의 추위를 뜻하는 말은 '꽃샘추위'입니다.

(어휘 펼치기)

순우리말로 된 비의 이름에는 '는개, 이슬비, 보슬비, 작달비, 장대비, 채찍비, 여우비, 소나기, 먼지잼, 억수, 단비, 봄비, 건들장마' 등이 있습니다.

13강 다른 사람을 보고 배워요

본문 87~91쪽

(어휘 더하기) (1) 진행 (2) 승진

(어휘 다지기)

1 ①
2 ④
3 분명하다
4 ④
5 1 ⓒ 2 ⓛ 3 ㉠
6 ㉠ 간절하게, ⓛ 유익한, ⓒ 개성

(어휘 활용하기)

1 ③
2 위인전
3 ④

(어휘 펼치기)
㉠ 지진, ⓛ 홍수, ⓒ 폭염

(어휘 더하기)

(1) 횡단보도를 만드는 일이 계속되지 않고 늦어졌다는 뜻이므로 '진행'이 어울립니다. '직진'은 앞으로 곧게 나아가는 것을 뜻하는 말입니다.
(2) 아버지께서 직장에서 지금보다 더 높은 자리에 오른 것을 축하하기 위해 모인 것이므로 '승진'이 어울립니다. '선진국'은 다른 나라보다 정치, 경제, 문화 등의 발달이 앞선 나라를 가리키는 말입니다.

1

　‘세상에 알려지지 않은 자기만의 뛰어난 방법.’을 뜻하는 낱말은 ‘비결’입니다. ‘비결’과 뜻이 비슷한 말 중 ‘비법’은 ‘남에게 알려지지 않은 특별한 방법.’을 뜻합니다.

2

　ⓛ의 ‘무익하다’는 이롭거나 도움이 될 것이 없다는 뜻으로 ‘유익하다’와 뜻이 반대되는 말입니다. ⓒ에서 어떤 모습이나 소리, 행동, 태도, 성격, 사실이 틀림없이 확실할 때 ‘분명하다’라고 합니다. 반대로 모습, 소리 등이 흐릿하여 분명하지 않을 때는 ‘불분명하다’라고 합니다. ㉣의 ‘적극적’은 ‘어떤 일에 대한 태도에 있어 자발적이고 긍정적인 것.’을 뜻합니다. 반대로 ‘소극적’은 ‘스스로 하려는 의지가 부족하고 활동적이지 않은 것.’을 뜻합니다.

（오답풀이）

　㉠의 ‘성취하다’와 ‘달성하다’는 뜻이 서로 비슷한 말로, ‘목적한 것을 이루다.’라는 뜻을 가진 낱말입니다.

3

　‘① 모습이나 소리가 흐릿하지 않고 또렷하다. ② 행동이나 태도, 성격이 뚜렷하고 확실하다. ③ 어떠한 사실이 틀림없고 확실하다.’와 같은 뜻을 가진 낱말은 ‘분명하다’입니다.

4

　‘적극적’은 ‘어떤 일에 대한 태도에 있어 자발적이고 긍정적인 것.’을 뜻합니다. 팔을 다친 친구를 위해 먼저 다가가 말을 걸며 가방을 들어 준 영서는 적극적인 사람이라고 할 수 있습니다.

5

❶ ‘앞으로 곧게 나아감.’의 뜻으로 쓰이는 낱말은 ‘직진’입니다.
❷ ‘다른 나라보다 정치, 경제, 문화 등의 발달이 앞선 나라.’를 뜻하는 말은 ‘선진국’입니다.
❸ ‘직장에서 지금보다 더 높은 자리에 오름.’을 뜻하는 말은 ‘승진’입니다.

6

㉠ 무언가를 바라는 마음이 지극하고 강하다는 뜻이므로 ‘간절하게’가 어울립니다.
ⓛ ‘너한테 도움이 되는 소원을 빌어야지.’라는 뜻으로 쓰였으므로 ‘유익한’이 어울립니다.
ⓒ 소원마다 다른 것과 구별되는 고유의 특성이 있다는 뜻이므로 ‘개성’이라는 말이 어울립니다.

1

　글에서 항상 그런 것은 아니지만 위인전의 제목에는 책의 주인공인 위인의 이름이 들어가는 경우가 많다고 했습니다. 그러므로 위인전의 제목에 항상 주인공인 위인의 이름만 들어간다고 한 설명은 옳지 않습니다.

2

　‘뛰어난 업적을 세우거나 훌륭한 삶을 산 사람의 업적과 삶을 적은 글이나 책.’은 ‘위인전’입니다.

3

　‘① 정성이나 마음 등이 아주 지극하다. ② 무엇을 바라는 마음이 아주 강하다.’의 뜻으로 쓰이는 낱말은 ‘간절하다’입니다. 그러므로 ㉠에 들어갈 말은 ‘간절한’입니다.

㉠ ‘지진’은 화산 활동이나 땅속의 큰 변화 때문에 땅이 흔들리는 현상을 뜻합니다.
ⓛ ‘홍수’는 비가 많이 내려서 갑자기 크게 불어난 강이나 개천의 물을 뜻합니다.
ⓒ ‘폭염’은 아주 심한 더위를 뜻합니다.

우리 지역의 생활 모습

어휘 더하기 (1) 통행 (2) 통역

어휘 다지기

1 ❶ ㉢ ❷ ㉠ ❸ ㉡

2 ③

3

①교	⑦통	수	단
	신		
		②고	④장
			터

4 ❶ ㉠ ❷ ㉡ ❸ ㉢
5 통
6 ㉠ 고장, ㉡ 장터, ㉢ 교통수단

어휘 활용하기

1 ②

2 다빈

3 ①

어휘 펼치기

금	강	산	도		식	후	경	이	다	

, ㉠

어휘 더하기

(1) '어떤 곳을 지나다님.'을 '통행'이라고 합니다.
(2) '서로 다른 나라 말을 사용하는 사람들 사이에서 뜻이 통하도록 말을 옮겨 주는 것.'을 '통역'이라고 합니다.

어휘 다지기

1

❶ '소식'은 '멀리 떨어져 있거나 자주 만나지 않는 사람의 사정이나 상황을 알리는 말이나 글.'을 뜻합니다.
❷ '의식주'는 '인간 생활의 기본 요소인 옷과 음식과 집.'을 뜻합니다.
❸ '여가'는 '일을 하지 않는 시간.'을 뜻합니다.

2

'의사소통'은 '생각이나 말 등이 서로 통함.'을 뜻합니다.

3

① '교통수단'은 '차, 기차, 배, 비행기 등과 같이 사람이나 짐을 실어 나르는 수단.'이라는 뜻입니다.
② '고장'은 '사람들이 사는 일정한 지역.'이라는 뜻입니다.
㉠ '통신'은 '우편이나 전신, 전화 등으로 정보나 소식 등을 전달함.'이라는 뜻입니다.
④ '장터'는 '사람들이 모여 물건을 사고파는 장이 서는 곳.'이라는 뜻입니다.

4

❶ '한복'은 사람이 입는 일이나 입는 옷에 관한 생활인 '의 생활'과 관련된 낱말입니다.
❷ '비빔밥'은 음식을 먹는 일이나 음식과 관련된 생활인 '식생활'과 관련된 낱말입니다.
❸ '한옥'은 사람이 사는 집이나 사는 곳에 관한 생활인 '주생활'과 관련된 낱말입니다.

5

'우편이나 전신, 전화 등으로 정보나 소식 등을 전달함.'을 뜻하는 낱말은 '통신'입니다. '지나다닐 수 있게 낸 길.'을 뜻하는 낱말은 '통로'입니다. '어떤 장소나 때를 거쳐서 지나감.'을 뜻하는 낱말은 '통과'입니다. 따라서 빈칸에 공통으로 들어갈 글자는 '통'입니다.

6

㉠ '고장'은 '사람들이 사는 일정한 지역.'이라는 뜻으로, 여행 가는 지역의 특산품을 사고 싶어 하는 상황에 알맞은 낱말은 '고장'입니다.
㉡ 고장에서 특산물을 살 수 있는 곳은 '사람들이 모여 물건을 사고파는 장이 서는 곳.'인 '장터'입니다.
㉢ '교통수단'은 '차, 기차, 배, 비행기 등과 같이 사람이나 짐을 실어 나르는 수단.'이라는 뜻으로, 기차는 편리한 '교통수단'이라는 말이 알맞습니다.

어휘 활용하기

1

봉자는 꿈속에서 기차를 타고 옛 고장을 여행하며 투호 놀이를 하는 아이들과 지금과는 다른 의식주를 보았습니다.

2

'지금과는 의식주 모두 달라 보였다.'를 통해서 봉자가 꿈속에서 간 고장의 모습이 지금의 고장의 모습과 달랐음을 알 수 있습니다.

3

이 글에서 '고장'은 '사람들이 사는 일정한 지역.'을 뜻합니다.

어휘 펼치기

㉠ '꽃구경도 식후사'는 '아무리 재미있는 꽃구경이라도 배가 부른 다음의 일.'이라는 뜻의 속담으로, '금강산도 식후경이다'와 비슷한 의미의 속담입니다.

(오답풀이)

㉡ '누워서 떡 먹기'는 '매우 하기 쉬운 일.'을 뜻하는 속담입니다.

㉢ '그 나물에 그 밥'은 '서로 비슷한 수준이어서 별다른 점을 느끼지 못함.'을 뜻하는 속담입니다.

㉣ '밥 안 먹어도 배부르다'는 '기쁜 일이 생겨서 마음이 매우 만족스럽다.'를 뜻하는 속담입니다.

08~14강 어휘 굳히기   본문 98~101쪽

1 ❶ 전통 ❷ 하천 ❸ 일주 ❹ 특산물
2 ④
3 ❶ 관광 ❷ 무공해 ❸ 꽃샘추위
4 ②
5 ②
6 ❶ ㉣ ❷ ㉠ ❸ ㉡ ❹ ㉢
7 ❷ ○
8 ②
9 ❶ 알려지지 않은 ❷ 중간 ❸ 이름
10

11 ①

1

❶ '어떤 집단이나 공동체에서 지난 시대부터 전해 내려오면서 고유하게 만들어진 사상, 관습, 행동 등의 양식.'을 뜻하는 말은 '전통'입니다.

❷ '강과 시내를 아울러 이르는 말.'을 뜻하는 말은 '하천'입니다.

❸ '일정한 길을 따라 한 바퀴 돎.'을 뜻하는 말은 '일주'입니다.

❹ '어떤 지역에서 특별히 생산되는 물건.'을 뜻하는 말은 '특산물'입니다.

2

'민속, 국민, 주민, 민화'는 모두 '民(백성 민)'이 들어간 한자어입니다. '바다와 육지가 맞닿은 곳이나 그 근처.'를 뜻하는 낱말은 '해변'으로 '海(바다 해)'가 들어간 한자어입니다.

3

❶ '관광'은 어떤 곳의 경치, 상황, 풍속 등을 찾아가서 구경하는 것을 뜻하는 말입니다.

❷ '무공해'는 사람이나 자연에 피해를 주지 않는다는 뜻으로, 오늘날은 환경과 건강에 대한 관심이 높아져 무공해 농산물, 무공해 자동차, 무공해 비누 등 우리 주변에서 '무공해'가 붙은 제품들을 많이 볼 수 있습니다.

❸ '꽃샘추위'는 이른 봄, 꽃이 필 무렵의 추위 또는 꽃이 피는 것을 시샘하는 듯한 추위를 뜻하는 순우리말입니다.

4

'깎다'는 값을 낮출 때도 쓰고, 과일의 껍질을 벗겨 낼 때도 쓰는 말입니다. 그러므로 '과일을 깍다.'가 아닌 '과일을 깎다.'라고 써야 합니다.

5

'습도'는 '공기 중에 수증기가 들어 있는 정도.'를 뜻하는 말입니다.

(오답풀이)

① '여럿을 종류에 따라서 나눔.'을 뜻하는 말은 '분류'입니다.

③ '심장 박동에 따라 나타나는 동맥의 주기적인 움직임.'을 뜻하는 말은 '맥박'입니다.

④ '공기 중의 수증기가 땅 위의 물체 겉에 얼어붙은 것.'을 뜻하는 말은 '서리'입니다.
⑤ '갑자기 바닷물이 크게 일어서 육지로 넘쳐 들어오는 것.'을 뜻하는 말은 '해일'입니다.

6

❶ '역사적 유물이나 유적이 있는 곳.'을 뜻하는 '유적지'가 어울립니다.
❷ '정당한 이유 없이 남의 나라에 쳐들어감.'을 뜻하는 '침략'이 어울립니다.
❸ 정월 대보름에 보름달을 보며 소원을 비는 것은 사람들에게 옛날부터 전해 오는 생활 습관이므로 '풍속과 습관.'을 뜻하는 '풍습'이 어울립니다.
❹ '고뿔'이라는 말이 코에 불이 난 것처럼 열이 난다는 뜻에서 생겼다는 뜻이므로 '사물이나 일이 생겨남. 또는 사물이나 일이 생겨난 과정과 까닭.'을 뜻하는 '유래'가 어울립니다.

7

'신분'은 한 사람이 사회에서 가지고 있는 역할이나 지위를 뜻하는 말로, 조선 시대에는 양반, 중인, 상민, 천민으로 신분이 나뉘었습니다. 그러나 오늘날에는 이러한 신분제가 사라져, 신분에 따른 차별 없이 누구나 자신의 꿈을 향해 노력하며 살 수 있는 사회가 되었습니다.

(오답풀이)

고려 시대와 조선 시대에 나라를 다스리는 관리를 뽑기 위해 보았던 시험은 '과거'입니다. '급제'는 (옛날에) 과거 시험에 합격하는 것을 뜻하는 말입니다.

8

서아는 채림이가 나아서 학교에 빨리 나오기를 바라는 마음이 강하므로 '무엇을 바라는 마음이 아주 강하다.'를 뜻하는 '간절하다'가 알맞습니다.

9

❶ '비결'은 '세상에 알려지지 않은 자기만의 뛰어난 방법.'을 뜻합니다.
❷ '여가'는 '일을 하지 않는 시간. 또는 일을 하는 중간에 생기는 여유로운 시간.'을 뜻합니다.
❸ '지명'은 '마을이나 지방, 지역의 이름.'을 뜻합니다. '땅의 생긴 모양.'을 뜻하는 말은 '지형'입니다.

10

각 뜻에 해당하는 낱말은 다음과 같습니다.

❶ 한 나라의 주권이 미치는 땅. ⇨ 국토
❷ 일정한 곳에서 손님으로 머물다. ⇨ 묵다
❸ 성인 남녀가 법적으로 부부가 됨을 알리는 의식. ⇨ 혼례
❹ 일정한 기간 동안 일정한 곳에 비, 눈, 우박, 안개 등이 내려 생기는 물의 총량. ⇨ 강수량

11

☆☆마을에서는 여러 가지 물건을 사고파는 오일장이 열린다고 했습니다. '오일장'은 5일에 한 번씩 서는 장이므로 매일 장이 열린다고 설명한 ①이 내용을 잘못 이해했습니다.

Ⅲ 자연·과학·수학·국어

15강 다양하게 표현해 보아요

본문 105~109쪽

어휘 더하기 (1) 윗 (2) 위 (3) 웃

어휘 다지기

1 ③

2 ⑤

3 ❶ 분류 ❷ 분석

4 ②

5 ㉠ 도입, ㉡ 전개, ㉢ 비유

어휘 활용하기

1 ㉠ 묘사, ㉡ 상징

2 ①

3 ❶ ㉱ ❷ ㉮ ❸ ㉲ ❹ ㉯

어휘 펼치기

콩	심은	데	콩	나고	팥	심은
데	팥	난다				

, ㉢

어휘 더하기

(1) '집'은 '위'와 '아래'의 대립이 있는 말이기 때문에 '윗집'이라고 써야 합니다.
(2) '턱'은 거센소리 'ㅌ'으로 시작하는 말이기 때문에 '위턱'이라고 써야 합니다.
(3) '돈'은 '위'와 '아래'의 대립이 없는 말이기 때문에 '웃돈'이라고 써야 합니다. '웃돈'은 원래의 값보다 더 주는 돈을 뜻합니다.

어휘 다지기

1

'봄바람'을 '엄마의 숨결'에 빗대어 표현하였고, 꽃이 핀 '벚나무'를 '솜사탕'에 빗대어 표현하였습니다. 이렇게 어떤 대상을 다른 대상에 빗대어 표현하는 것을 '비유'라고 합니다.

2

㉤은 글쓴이의 생각이나 느낌을 적은 것이기 때문에 '의견'에 해당합니다.

3

❶ ⑦에서는 꽃이 피는 시기를 기준으로 꽃의 종류를 나누어 설명했는데, 이렇게 일정한 기준에 따라 대상의 종류를 나누어 설명하는 것을 '분류'라고 합니다.
❷ ⑭에서는 꽃을 구성하는 부분들을 나누어 꽃의 구조를 설명했는데, 이렇게 어떤 대상을 그것을 이루는 낱낱의 성분으로 나누어 설명하는 것을 '분석'이라고 합니다.

4

'동네'는 '윗동네-아랫동네'와 같이 '위'와 '아래'의 대립이 있는 말이기 때문에 '윗동네'라고 써야 합니다.

오답풀이

① 뒤에 '아랫물'이 나온 것을 볼 때, '물'은 '위-아래'의 대립이 있는 말입니다. 따라서 '윗물'로 써야 합니다.
③ '입술'은 '위-아래'의 대립이 있는 말이므로 '윗입술'로 써야 합니다.
④ '어른'은 '아래어른'이라는 말이 없는 것처럼 '위-아래'의 대립이 없는 말이므로 '웃어른'으로 써야 합니다.
⑤ '층'은 거센소리 'ㅊ'으로 시작하는 말이므로 '위층'으로 써야 합니다.

5

㉠ 새 기계를 들여온 것이므로 '도입'이 적절합니다.
㉡ 일이 진행되는 것을 뜻하므로 '전개'가 적절합니다.
㉢ 일이 술술 진행되는 것을 '순풍에 돛을 달다'에 빗대어 표현했으므로 '비유'가 적절합니다. '순풍에 돛을 달다'는 일이 어려움이나 문제가 없이 뜻한 대로 순조롭게 잘 진행되는 것을 뜻하는 속담입니다.

어휘 활용하기

1

㉠ 어떤 대상을 있는 그대로 자세하게 그림으로 그리는 것을 '묘사'라고 합니다.
㉡ 눈으로 확인할 수 없는 개념을 눈에 보이는 구체적인 사물로 나타내는 것을 '상징'이라고 합니다.

2

'쪽'은 된소리 'ㅉ'으로 시작하는 말이므로 '위쪽'으로 써야 합니다.

3

흰 가지는 귀한 자손을 상징한다고 했습니다. 방아깨비
는 쇠뜨기, 산딸기와 더불어 자식을 많이 낳으라는 뜻이
담겨 있다고 했습니다. 벌과 개미는 임금에게 충성하라는
바람이, 나비와 나방은 열심히 공부해서 출세하라는 바람
이 담겨 있다고 했습니다.

어휘 펼치기

'가시나무에 가시가 난다', '배나무에 배 열리지 감 안 열
린다', '오이 덩굴에 오이 열리고 가지 나무에 가지 열린다'
는 모두 모든 일은 근본에 따라 거기에 걸맞은 결과가 나
타나는 것임을 비유적으로 이르는 말로, '콩 심은 데 콩 나
고, 팥 심은 데 팥 난다'와 같은 의미입니다.

(오답풀이)

'열 번 찍어 안 넘어가는 나무 없다'는 '어떤 일이든 꾸준
히 노력하면 이루지 못할 것이 없다.'를 뜻하는 속담입니다.

16강 생각과 마음을 나눠요

본문 **111~115**쪽

어휘 더하기 (1) 다를 (2) 틀렸어

어휘 다지기

1 ②

2 감정

3 ❶ 낭송 ❷ 감상문

4 ❶ 드러나 ❷ 드러났다

5 ⑤

6

			❶공	유	하	다
			❷감	동		
			하			
	³드	러	나	다		
				❻인		
⁴낭	송		⁵❺감	상	문	
			정	적		

어휘 활용하기

1 ①

2 ⑤

3 ④

어휘 펼치기

㉢

어휘 더하기

⑴ 느낀 점이 같지 않을 수 있다는 뜻으로 쓰였으므로 '다
르다'를 써야 합니다.

⑵ 계산을 실수하여 한 문제의 답이 맞지 않았다는 뜻이므
로 '틀리다'를 써야 합니다.

어휘 다지기

1

두 친구는 북극곰 가족의 모습을 보고 안타까운 마음을
느끼고 있습니다. 다른 사람의 마음이나 생각에 대해 자신
도 그렇다고 똑같이 느낀다는 뜻을 가진 낱말은 '공감하다'
이고, 이와 뜻이 비슷한 낱말로 '동감하다'가 있습니다.

2

'신나다, 걱정하다, 행복하다, 속상하다'를 모두 포함할
수 있는 낱말은 '감정'입니다. '감정'은 일이나 대상에 대하
여 마음에 일어나는 느낌이나 기분을 뜻합니다.

3

❶ 시나 문장 등을 소리 내어 읽는 것을 '낭송'이라고 합니
다.

❷ 어떤 물건이나 현상을 보거나 듣고 나서 느낀 것을 쓴
글을 '감상문'이라고 합니다. 독서 감상문, 미술 작품 감
상문, 음악 감상문 등 다양한 종류의 감상문을 쓸 수 있
습니다.

4

'드러나다'를 '들어나다'로 쓰지 않도록 주의해야 합니다.
㉠ '들어나'가 아닌 '드러나', ㉡ '들어났다'가 아닌 '드러났다'
로 써야 합니다.

5

'다르다'는 두 개의 대상이 서로 같지 않다는 뜻으로, '같
다'와 뜻이 반대되는 말입니다. '틀리다'는 계산이나 답, 사

실 등이 맞지 않다는 뜻으로, '맞다' 또는 '옳다'와 뜻이 반대되는 말입니다. 밥을 먹을 때 손을 사용하는 점이 우리나라와 같지 않다는 뜻이므로 '틀리다'가 아닌 '다르다'라고 해야 합니다.

6

각 열쇠의 뜻에 어울리는 낱말은 다음과 같습니다.

[가로 열쇠]
1. 공유하다: 두 사람 이상이 어떤 것을 함께 가지고 있다.
2. 감동: 강하게 느껴 마음이 움직임.
3. 드러나다: ① 가려져 있던 것이 보이게 되다. ② 태도나 감정, 개성 등이 표현되다. ③ 감춰져 있거나 알려지지 않았던 사실이 밝혀지다.
4. 낭송: 시나 문장 등을 소리 내어 읽음.
5. 감상문: 어떤 물건이나 현상을 보거나 듣고 나서 느낀 것을 쓴 글.
[세로 열쇠]
❶ 공감하다: 다른 사람의 마음이나 생각에 대해 자신도 그렇다고 똑같이 느끼다.
❺ 감정: 일이나 대상에 대하여 마음에 일어나는 느낌이나 기분.
❻ 인상적: 어떤 느낌이나 인상이 지워지지 않고 오래 기억에 남는 것.

1

독서 감상문을 쓰는 방법과 형식은 매우 다양하여 일기, 편지, 시 등의 형식으로 쓸 수 있다고 했습니다. 그러므로 독서 감상문을 편지글 형식으로는 쓸 수 없다고 한 수인이의 말이 잘못되었습니다.

2

'다른 사람의 마음이나 생각에 대해 자신도 그렇다고 똑같이 느끼다.'라는 뜻을 가진 낱말은 '공감하다'이므로 '공감하는'이라는 말이 어울립니다.

3

'감동'은 강하게 느껴 마음이 움직인다는 뜻을 가진 말입니다. '감동'과 뜻이 비슷한 낱말 중 '감명'은 '잊을 수 없는 큰 감동을 느낌.'을 뜻합니다.

ⓒ '손이 맵다'는 '손으로 살짝 때려도 몹시 아프다.' 또는 '일하는 것이 야무지고 완벽하다.'라는 뜻을 가진 관용 표현입니다. 그러므로 빈칸에 어울리는 말은 '손'입니다.

(오답풀이)

㉠, ㉡, ㉣의 '도둑이 제 발 저리다', '발을 뻗고 자다', '발이 넓다'는 모두 '발'이 들어가는 속담이나 관용 표현입니다.

17강 나는야 지구별 탐험가!

본문 117~121쪽

어휘 더하기 (1) 집어 (2) 짚고

어휘 다지기

1 나침반

2 ④

3 **1** 육지 **2** 수면

4 자연환경

5 ①

6

지	구	㉠지	표	하	자	식
육	지	표	범	늘	연	㉡서
짚	㉤나	침	반	면	환	식
다	가	수	면	㉣내	경	하
㉢이	동	다	하	리	가	다
인	문	환	경	쬐	집	다
사	나	경	침	다	쪼	이

1 ⑤

2 ②

3 자연환경

ⓒ

⑴ 지우개를 잡아서 든 것이므로 '집다'를 써야 합니다.
⑵ 지팡이에 몸을 기대어 의지한 것이므로 '짚다'를 써야 합니다.

어휘 다지기

1

동, 서, 남, 북 방향을 알려 주는 기구는 '나침반'입니다.

2

구름이 걷히면서 햇볕이 아래쪽으로 강하게 비쳤다는 뜻이므로 '내리쬐서'가 어울립니다. '내리쬐다'는 '내리쪼이다'라고 쓸 수도 있습니다.

3

1 지구에서 물로 된 부분이 아닌 흙이나 돌로 된 부분 또는 섬이 아닌, 대륙에 이어진 땅을 '육지'라고 합니다. '육지'와 '땅'은 뜻이 비슷해서 서로 바꾸어 쓸 수 있는 말입니다.
2 물의 표면을 '수면'이라고 합니다. 바닷물의 겉으로 드러난 부분은 '해수면'이라고 합니다.

4

산, 강, 바다, 동물, 식물, 비 등과 같이 인간 생활을 둘러싸고 있는 자연의 조건이나 상태를 뜻하는 말은 '자연환경'입니다.

5

'짚다'는 '바닥이나 벽, 지팡이 등에 몸을 기대어 의지하다.'라는 뜻을 가진 말입니다. '집다'는 '손가락이나 발가락 또는 젓가락이나 집게와 같은 도구로 물건을 잡아서 들다.'라는 뜻을 가진 말입니다. ①에서 목발에 몸을 기대어 의지했다는 뜻이므로 '목발을 짚고'라고 써야 합니다.

6

㉠~㉤의 뜻에 어울리는 낱말은 다음과 같습니다.
㉠ 지표: 지구나 땅의 겉면.
㉡ 서식하다: 생물이 어떤 곳에 보금자리를 만들어 살다.
㉢ 이동: 움직여서 옮김. 또는 움직여서 자리를 바꿈.
㉣ 내리쬐다: 햇볕이 아래쪽으로 강하게 비치다.
㉤ 나침반: 동, 서, 남, 북 방향을 알려 주는 기구.

어휘 활용하기

1

글에서 스마트폰 없이 나침반과 지도를 이용하여 길을 따라 이동하며 지역의 중심지와 산, 강, 동식물과 같은 주변 자연환경을 살펴볼 거라고 했으므로 반드시 스마트폰이 있어야 한다는 하윤이의 말이 잘못되었습니다.

2

'바닷물의 표면.' 즉 '바닷물의 겉으로 드러난 부분.'을 뜻하는 말은 '해수면'입니다. '해수면'에서 '해(海)'는 '바다'를 뜻합니다.

3

'산, 강, 바다, 동물, 식물, 비 등과 같이 인간 생활을 둘러싸고 있는 자연의 조건이나 상태.'를 뜻하는 말은 '자연환경'입니다.

어휘 펼치기

열심히 그린 그림 위에 콜라를 쏟아 망쳤으므로 다 된 일을 어이없이 망쳐 버린다는 뜻의 '다 된 죽에 코 빠뜨린다'라는 속담이 어울립니다.

(오답풀이)
'변덕이 죽 끓듯 하다'는 말이나 행동, 감정 등이 이랬다저랬다 자주 변하는 것을 뜻하는 속담입니다.

18강 친구들과 역할극을 해요

본문 123~127쪽

어휘 더하기 여덜, 넙쩌카다

어휘 다지기

1 대본
2 ②
3 ④
4 1 ㉡ 2 ㉢ 3 ㉠
5 ③
6 ㉠ 파악하다, ㉡ 분담, ㉢ 걱정거리, ㉣ 보잘것없다

1 ③

2 대본

3 안정, 흥분

㉠, ㉡

어휘 더하기

⑴ 겹받침 'ㄼ'은 낱말의 마지막이나 자음 앞에서 [ㄹ]로 발음합니다. 따라서 '여덟'은 [여덜]로 발음해야 합니다.

⑵ '넓-'은 '넓적하다, 넓죽하다, 넓둥글다'와 같은 경우에 [ㅂ]으로 발음합니다. 따라서 '넓적하다'는 [넙쩌카다]로 발음해야 합니다.

어휘 다지기

1

연극이나 영화에서, 대사나 장면의 설명 등을 적어 놓은 글 또는 어떤 일을 하려고 미리 짜 놓은 계획을 뜻하는 말은 '대본'입니다. 대본에는 등장인물의 대사와 행동, 상황에 대한 설명 등이 자세하게 쓰여 있습니다.

2

겹받침 'ㄼ'은 낱말의 마지막이나 자음 앞에서 [ㄹ]로 발음합니다. '훑어보다'는 [훌터보다], '훑어보니'는 [훌터보니]로 소리 내어 읽어야 합니다.

3

㉡의 '하잘것없다'는 '시시하고 하찮아서 중요하게 여길 만하지 않다.'라는 뜻으로, '보잘것없다'와 뜻이 비슷하여 서로 바꾸어 쓸 수 있는 말입니다. ㉢의 '분임'은 '임무를 나누어 맡음.'이라는 뜻을 가진 낱말로, '분담'과 뜻이 비슷하여 서로 바꾸어 쓸 수 있는 말입니다. ㉣의 '근심거리'는 두렵고 불안해할 대상이 되는 일을 뜻하는 말로, '걱정거리'와 뜻이 비슷한 낱말입니다.

(오답풀이)

㉠의 '들뜨다'가 '마음이나 분위기가 안정되지 않고 조금 흥분되다.'의 뜻으로 쓰였을 때 뜻이 비슷한 낱말로는 '설레다'가 있습니다. '가라앉다'는 '들뜨다'와 뜻이 반대되는 말에 가깝습니다.

4

1 책에서 필요한 내용을 찾기 위해 한쪽 끝에서 다른 쪽 끝까지 쭉 본 것이므로 '훑어보다'가 어울립니다.

2 이야기의 주제를 확실하게 이해하여 알게 되었다는 뜻이므로 '파악했다'가 어울립니다.

3 사진을 보며 어렸을 적 추억을 생각해 냈다는 뜻이므로 '떠올렸다'가 어울립니다.

5

겹받침 'ㄼ'은 낱말의 마지막이나 자음 앞에서 [ㄹ]로 발음합니다 따라서 '여덟'은 [여덜]로 소리 내어 읽어야 합니다.

6

1 '볼만한 가치가 없을 정도로 훌륭하지 않거나 좋지 않다.'라는 뜻으로 쓰이는 말은 '보잘것없다'입니다.

2 '어떤 일이나 대상의 내용이나 상황을 확실하게 이해하여 알다.'라는 뜻으로 쓰이는 말은 '파악하다'입니다.

3 '일이나 책임 등을 나누어 맡음.'이라는 뜻을 가진 낱말은 '분담'입니다.

4 '걱정이 되는 일.'이라는 뜻을 가진 낱말은 '걱정거리'입니다.

1

글에서 '나'는 역할극을 하기 전 다른 친구들이 비웃으면 어쩌나 하는 걱정거리가 있었다고 했으므로 걱정되는 일이 전혀 없었다고 한 혜윤이가 내용을 잘못 이해했습니다.

2

'연극이나 영화에서, 대사나 장면의 설명 등을 적어 놓은 글.' 또는 '어떤 일을 하려고 미리 짜 놓은 계획.'을 뜻하는 낱말은 '대본'입니다.

3

'나'는 학교를 마치고 집으로 돌아가는 길에 신이 나 들뜬 마음이 가라앉지 않았다고 했습니다. 여기서 '들뜨다'는 '마음이나 분위기가 안정되지 않고 조금 흥분되다.'의 뜻으로 쓰였습니다.

㉠ '남의 떡이 더 커 보인다'와 ㉡ '남의 밥에 든 콩이 굵어 보인다'는 내 것보다 다른 사람의 것이 더 좋게 느껴진다는 뜻의 속담입니다.

ⓒ '남의 집 금송아지가 우리 집 송아지만 못하다'는 작거나 보잘것없는 것이라 해도 내가 직접 가진 것이 더 낫다는 뜻의 속담입니다.

19강 우리 몸을 살펴보아요

본문 129~133쪽

어휘 더하기 (1) 멋쟁이 (2) 옹기장이

어휘 다지기

1 ①

2 ❶ 시각 ❷ 청각 ❸ 후각 ❹ 미각 ❺ 촉각

3 ❶ 개구쟁이 ❷ 도배장이

4 맥박

5 ❶ 안구 ❷ 귓바퀴 ❸ 뻐드렁니 ❹ 성대

6 ④

어휘 활용하기

1 ③ 　　2 ⑤ 　　3 맥박

어휘 펼치기

1. 벼, 강낭콩, 나팔꽃, 봉숭아, 코스모스, 해바라기

2. 열매

어휘 더하기

(1) '−쟁이'는 사람의 버릇이나 행동 또는 모양을 가리키는 말입니다.

(2) '−장이'는 기술이 있는 사람을 가리키는 말입니다.

어휘 다지기

1

'허파'의 옛말은 '부화'입니다. 이것이 오늘날 '부아'로 바뀌었습니다. '부아가 치밀다'에서 '부아'는 '허파, 폐'라는 뜻 외에 '분하거나 노여운 감정.'이라는 뜻도 있습니다. '허파'와 관련된 관용 표현은 부정적인 것이 대부분입니다.

'부아가 치밀다'는 노엽거나 분한 마음이 치민다는 부정적인 의미입니다.

② '애를 태우다.'의 '애'는 창자, 쓸개를 가리키던 말입니다. 창자나 쓸개가 활활 타면 얼마나 속이 아플까요? 그만큼 몹시 안타깝고 초조하여 속이 상한다는 뜻입니다.

③ '오금이 저리다'의 '오금'은 '무릎의 구부러지는 오목한 안쪽 부분.'과 '아래팔과 위팔을 이어 주는 뼈마디 안쪽 부분.'을 모두 가리키지만 주로 무릎의 오금을 가리킵니다. '오금이 저리다.'는 저지른 잘못이 들통이 나거나 그 때문에 나쁜 결과가 있지 않을까 마음을 졸인다는 뜻입니다.

④ '슬하를 떠나다.'의 '슬하(膝下)'는 무릎 아래라는 뜻입니다. '무릎 아래'라는 것은 곧 '부모의 보호를 받는 테두리'를 의미합니다. 즉, '슬하를 떠나다.'는 부모의 곁을 떠나 독립함을 뜻합니다.

⑤ '비견할 만하다.'의 '비견(比肩)'은 어깨를 나란히 한다는 뜻입니다. 나란한 어깨처럼 낮고 못할 것이 없이 정도가 서로 비슷하므로 비교할 대상으로 삼을 만하다는 뜻입니다.

2

인간에게는 다섯 가지 감각이 있는데, 이를 '오감(五感)'이라고 합니다. 오감에는 '시각(눈), 청각(귀), 후각(코), 미각(입), 촉각(손)'이 있습니다. 이 중 '후각'은 시각이나 청각보다 더 원시적이고 본능적인 감각입니다.

❶ '시각'이란 눈을 통해 사물을 보는 것입니다.

❷ '청각'이란 귀를 통해 소리를 듣는 것입니다.

❸ '후각'이란 코를 통해 냄새를 맡는 것입니다.

❹ '미각'이란 혀를 통해 맛을 보는 것입니다.

❺ '촉각'이란 피부를 통해 느끼는 것입니다.

3

❶ '−쟁이'는 '그 속성을 많이 가진 사람.' 또는 '그 일을 주로 하는 사람.'의 뜻을 더하는 말이므로 '개구쟁이'가 맞습니다.

❷ '−장이'는 '그것과 관련된 기술을 가진 사람.'의 뜻을 더하는 말이므로 '도배장이'가 맞습니다.

4

'맥박'이란 심장 박동에 따라 나타나는 동맥의 주기적인 움직임을 말합니다.

5

❶ 안구를 기증받아서 잃어버린 시력을 회복했다.

❷ 너무 부끄러워서 귓바퀴가 빨개졌다.

3 오늘 뻐드렁니를 교정하러 치과에 갈 예정이다.
4 우리가 말을 하면 성대가 빠르게 열리고 닫히면서 목소리를 낸다.

6

'정수리'는 머리 위의 숫구멍이 있는 자리를 말합니다. '숫구멍'은 갓난아이의 정수리가 굳지 않아서 숨 쉴 때마다 발딱발딱 뛰는 곳을 말합니다. '숨구멍'이라고도 합니다. 숫구멍은 생후 일정 기간이 지나면 닫혀 없어집니다.

(오답풀이)
① '안구'는 척추동물의 시각 기관인 눈구멍 안에 있는 공 모양의 기관을 말합니다.
② '허파'는 동물과 사람의 가슴 속 양쪽에 있는, 숨을 쉬게 하는 기관을 말합니다. '폐'라고도 합니다.
③ '귓바퀴'는 겉으로 드러난 귀의 가장자리 부분을 말합니다. 밖에서 들려오는 소리가 귓구멍으로 들어가기 쉽게 해 줍니다.
⑤ '뻐드렁니'는 바깥쪽으로 조금 튀어나온 앞니를 말합니다.

어휘 활용하기

1

'내일은 뻐드렁니를 교정하러 치과에 가는 날이다.'라고 한 것을 통해 글쓴이에게 뻐드렁니가 있다는 것을 알 수 있습니다.

2

'몸이 천 냥이면 눈이 구백 냥'은 눈이 우리 몸에서 90%를 차지할 만큼 무척 중요한 기관이라는 뜻입니다.

3

심장 박동에 따라 나타나는 동맥의 주기적인 움직임을 뜻하는 말은 '맥박'입니다.

어휘 펼치기

1. '벼, 강낭콩, 봉숭아, 나팔꽃, 해바라기, 코스모스, 채송화' 등이 한해살이 식물입니다.
2. 한해살이 식물과 여러해살이 식물의 공통점은 씨앗이 싹이 터서 잎과 줄기가 자라 꽃이 피고 열매를 맺어 대를 잇는다는 것입니다.

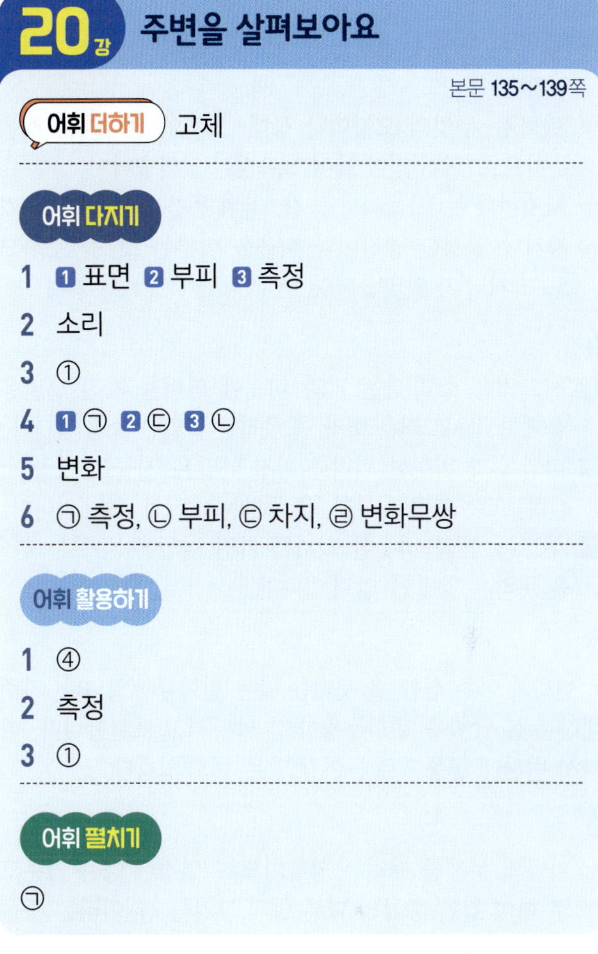

어휘 더하기

책상, 책, 의자 등 일정한 모양과 부피를 가진 물질의 상태를 '고체'라고 합니다.

어휘 다지기

1

1 '사물의 가장 바깥쪽. 또는 가장 윗부분.'을 뜻하는 낱말은 '표면'입니다.
2 '물체가 차지하는 공간의 크기.'를 뜻하는 낱말은 '부피'입니다.
3 '일정한 양을 기준으로 하여 같은 종류의 다른 양의 크기를 잼.'을 뜻하는 낱말은 '측정'입니다.

2

'소음'은 '불쾌하고 시끄러운 소리.'입니다. '방음벽'은 '한쪽의 소리가 다른 쪽으로 새어 나가거나 새어 들어오는 것을 막기 위해 설치한 벽.'입니다. 따라서 빈칸에 공통으로 들어갈 알맞은 말은 '소리'입니다.

㉠ '압력'은 '누르는 힘.'을 뜻하므로 '힘'이 들어가는 것이 알맞습니다.

㉡ '변화'는 무엇의 모양이나 상태, 성질이 달라지는 것을 뜻하므로 '달라짐'이 들어가는 것이 알맞습니다.

㉢ '차지하다'는 '사물이나 공간, 지위 등을 자기 몫으로 가지거나 일정한 공간이나 비율을 이루는 것.'을 뜻하므로 '가지다'가 알맞습니다.

4

❶ '시끄러운 소리'라는 말과 비슷한 의미를 가진 낱말은 '불쾌하고 시끄러운 소리.'를 뜻하는 낱말인 '소음'입니다.

❷ '바깥쪽'과 비슷한 의미를 가진 낱말은 '사물의 가장 바깥쪽. 또는 가장 윗부분.'을 뜻하는 낱말인 '표면'입니다.

❸ '누르는 힘'과 비슷한 의미를 가진 낱말은 '누르는 힘.'을 뜻하는 낱말인 '압력'입니다.

5

'변화가 아주 심함.'을 뜻하는 말은 '변화무쌍'입니다. 자주 변하는 봄 날씨를 '변화무쌍한 봄 날씨'라고 표현합니다. 따라서 빈칸에 공통으로 들어갈 말은 '변화'입니다.

6

㉠ 가방의 무게를 재려는 상황이므로 '일정한 양을 기준으로 하여 같은 종류의 다른 양의 크기를 잼.'이라는 뜻을 가진 '측정'이라는 낱말이 알맞습니다.

㉡ 무게와 비교하면 겉옷의 크기가 크다는 의미이므로 '부피'라는 낱말이 알맞습니다.

㉢ 가방 속에 옷이 일정한 공간을 이루고 있는 상황이므로 '일정한 공간이나 비율을 이루다.'라는 뜻을 가진 '차지하다'라는 낱말이 알맞습니다.

㉣ 날씨가 자주 바뀌어서 다양한 옷을 챙긴 상황이므로 '변화가 심함.'이라는 뜻을 가진 낱말인 '변화무쌍'이 알맞습니다.

어휘 활용하기

1

응결은 기체인 수증기가 액체로 변하면서 나타나는 현상입니다. 따라서 액체인 물이 기체인 수증기로 변하는 현상을 응결이라고 한 내용은 적절하지 않습니다.

2

'측정'은 '일정한 양을 기준으로 하여 같은 종류의 다른 양의 크기를 잼.'을 의미합니다. 방음벽을 설치한 후 소음을 재면 소음이 줄어든다는 글의 내용을 고려하면 ㉠에는 '측정'이 들어가는 것이 알맞습니다.

'표면'은 '사물의 가장 바깥쪽. 또는 가장 윗부분.'이라는 뜻입니다. 이와 비슷한 뜻을 가진 낱말인 '겉면'은 '사물의 겉에 있거나 보이는 면.'을 뜻합니다.

어휘 펼치기

㉠ '비 온 뒤에 땅이 굳어진다'는 '어려운 일을 경험한 뒤에 더 강해진다.'를 뜻하는 속담입니다.

오답풀이

㉡ '바람 앞의 등불'은 '매우 위태롭고 불안한 처지.'를 뜻하는 속담입니다.

㉢ '하늘이 무너져도 솟아날 구멍이 있다'는 '아무리 힘들고 어려운 일이 생겨도 해결할 방법은 있기 마련이다.'라는 뜻의 속담입니다.

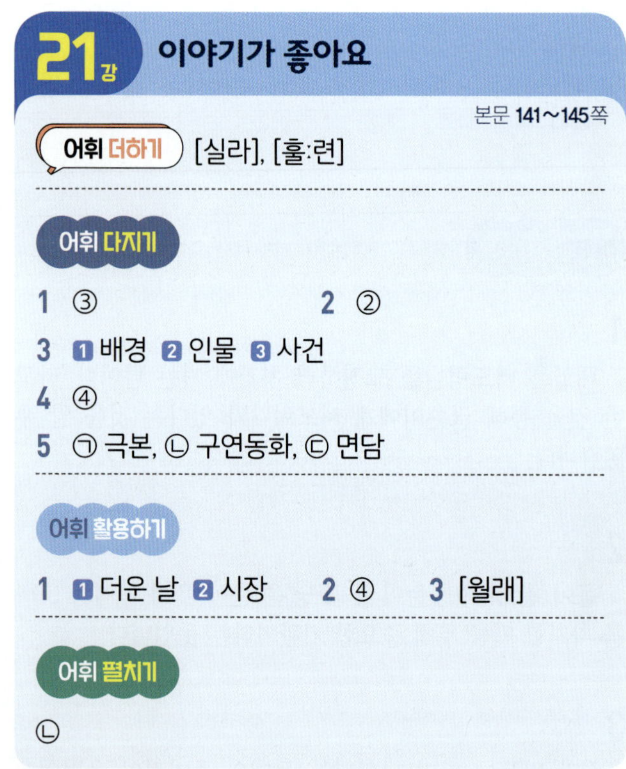

21강 이야기가 좋아요

본문 141~145쪽

어휘 더하기 [실라], [훌:련]

어휘 다지기

1 ③　　　　　　　2 ②

3 ❶ 배경　❷ 인물　❸ 사건

4 ④

5 ㉠ 극본, ㉡ 구연동화, ㉢ 면담

어휘 활용하기

1 ❶ 더운 날　❷ 시장　2 ④　3 [월래]

어휘 펼치기

㉡

어휘 더하기

'ㄴ'과 'ㄹ'이 만나면 앞에 있는 'ㄴ'이 'ㄹ'로 바뀌어 소리가 납니다. 따라서 '신라'는 [실라]로, '훈련'은 [훌:련]으로 발음해야 합니다.

어휘 다지기

1

직접 경험은 자기가 몸으로 직접 겪은 것을 뜻합니다.

㉯에서 수연이가 열린 장터에서 동화책을 판 것과 ㉱에서 보람이가 부모님과 함께 봉사 활동에 참가한 것은 직접 경험에 해당합니다.

(오답풀이)
㉮에서 '운동이 공부에 도움이 된다는 것'과 ㉰에서 '아프리카에 대한 정보'는 다른 사람의 경험으로부터 얻은 것이므로 간접 경험에 해당합니다.

2

'신화'는 신이나 신 같은 존재에 대한 신비스러운 이야기를 뜻합니다. '전설'은 오래전부터 전해 내려오는 이야기로 구체적인 증거물이 있습니다. '민담'은 예로부터 사람들 사이에서 전해져 내려오는 흥미로운 이야기를 뜻합니다.

3

이야기를 구성할 때에는 '배경', '인물', '사건'의 요소가 꼭 있어야 합니다.

4

'ㄴ'과 'ㄹ'이 만나면 앞에 있는 'ㄴ'을 'ㄹ'로 바꾸어 발음하는 것이 원칙입니다. 따라서 '권리'는 [궐리]로 발음해야 합니다.

(오답풀이)
① '진리'는 [질리]로 발음해야 합니다.
② '혼란'은 [홀:란]으로 발음해야 합니다.
③ '의견란'은 원칙과 달리 'ㄴ'과 'ㄹ'이 만나 뒤에 오는 'ㄹ'이 'ㄴ'으로 소리 납니다. 따라서 [의:견난]으로 발음해야 합니다.
⑤ '산신령'은 [산실령]으로 발음해야 합니다.

5

㉠ 연극 공연을 하기 위한 글이므로 '극본'이 적절합니다.
㉡ 실감 나고 재미있게 말을 잘한다는 내용을 볼 때 '구연동화'가 적절합니다.
㉢ 선생님을 뵙는다는 내용을 볼 때 '면담'이 적절합니다.

1

이야기의 배경은 주로 이야기의 처음 부분에 나옵니다. 이 이야기는 햇볕이 내리쬐는 무척 '더운 날', '시장에 가는 길'을 배경으로 하고 있습니다.

2

'아버지와 아들'은 길에서 만난 사람들의 말을 듣고 그대로 행동하고 있습니다. 이러한 행동으로 볼 때 두 사람은 다른 사람의 의견을 무조건 받아들이는 사람이라는 것을 알 수 있습니다.

3

'ㄴ'과 'ㄹ'이 만나면 앞에 있는 'ㄴ'을 'ㄹ'로 바꾸어 발음하는 것이 원칙입니다. 따라서 '원래'는 [월래]로 발음해야 합니다.

㉡ '고양이 개 보듯'은 사이가 매우 나빠서 서로 으르렁거리며 해칠 기회만 찾는 모양을 비유적으로 이르는 말입니다.

(오답풀이)
㉠ '고양이 앞에 쥐'는 무서운 사람 앞에서 설설 기면서 꼼짝 못 한다는 뜻의 속담입니다.
㉢ '고양이한테 생선을 맡기다'는 고양이한테 생선을 맡기면 고양이가 생선을 먹을 것이 뻔한 일이란 뜻으로, 어떤 일이나 사물을 믿지 못할 사람에게 맡겨 놓고 마음이 놓이지 않아 걱정함을 비유적으로 이르는 속담입니다.

1

'육지'는 '지구에서 물로 된 부분이 아닌 흙이나 돌로 된 부분.'을 뜻합니다. '땅'과 '육지'는 뜻이 비슷해서 서로 바꾸어 쓸 수 있는 말입니다.

2

'도입'은 '지식, 기술, 물자 등을 들여옴.' 또는 '단원 학습이나 소설 등이 본격적으로 시작하기 전의 첫 단계.'를 뜻합니다. '무엇의 모양이나 상태, 성질 등이 달라짐.'을 뜻하는 낱말은 '변화'입니다.

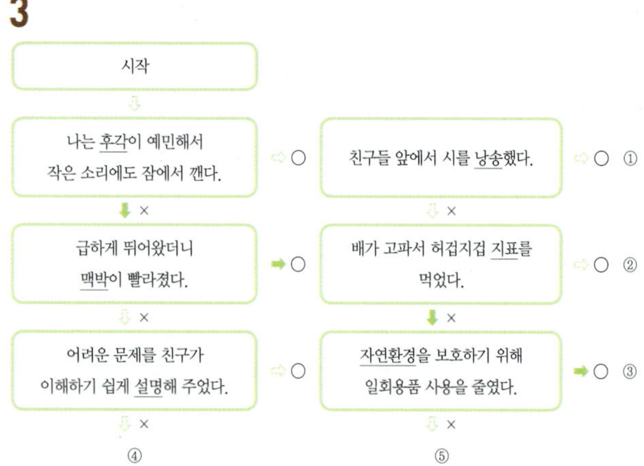

'후각'은 '코로 냄새를 맡는 감각.'을 뜻합니다. 문장에 적절한 낱말은 '귀로 소리를 듣고 느끼는 감각.'을 뜻하는 '청각'이므로 ×를 따라 선을 긋습니다. '맥박'은 '심장 박동에 따라 나타나는 동맥의 주기적인 움직임.'을 뜻하므로 문장에 적절하게 쓰였습니다. ○를 따라 선을 긋습니다. '지표'는 '지구나 땅의 겉면.'으로 '배가 고파서 허겁지겁 지표를 먹었다.'라는 문장은 적절하지 않습니다. ×를 따라 선을 긋습니다. '자연환경'은 '산, 강, 바다, 동물, 식물, 비 등과 같이 인간 생활을 둘러싸고 있는 자연의 조건이나 상태.'라는 뜻으로 낱말이 알맞게 쓰였습니다. ○를 따라 선을 긋습니다.

4

고양이의 생김새에 관해 자세하게 말로 표현하고 있으므로 '어떤 대상을 있는 그대로 자세하게 말이나 글로 표현하거나 그림으로 그림.'을 뜻하는 '묘사'가 가장 알맞습니다.

5

1 '허파'는 '폐'라고도 하며 '동물과 사람의 가슴 속 양쪽에 있는, 숨을 쉬게 하는 기관.'입니다. '목구멍의 가운데에 있는, 내쉬는 숨에 의해 떨려서 소리를 내는 주름 모양의 기관.'은 '성대'입니다.

2 '면담'은 서로 만나서 이야기를 나누는 것입니다.

6

연	석	박	침	나	반	여	나
화	질	지	신	추	나	소	침
측	정	성	화	비	놀	적	반
비	겨	터	정	감	동	이	적
안	격	세	로	극	취	정	기
측	여	정	감	결	심	구	감
공	감	결	거	구	두	성	정
여	거	층	지	리	나	반	침

7

'상징'은 '추상적인 사물이나 개념을 구체적인 사물로 나타냄. 또는 그렇게 나타낸 구체적인 사물.'을 뜻합니다. '개성'은 '다른 것과 구별되는 고유의 특성.'을 뜻하므로 '상징'과 '개성'은 뜻이 비슷한 말이 아닙니다.

8

'금강산도 식후경'은 '아무리 재미있는 일이라도 배가 불러야 흥이 난다.'라는 뜻입니다.

(오답풀이)
- '남의 떡이 더 커 보인다'는 '내 것보다 다른 사람의 것이 더 좋게 느껴진다.'라는 뜻입니다.
- '다 된 죽에 코 빠뜨린다'는 '거의 다 된 일을 어이없이 망쳐 버린다.'라는 뜻입니다.

9

2	6	5	6	5	6	2	6	2	6
6	5	1	1	3	4	4	3	2	6
6	6	4	4	1	1	3	1	6	2
2	5	5	6	6	2	3	3	5	5
6	6	4	1	3	4	1	1	5	2
6	5	3	1	3	1	3	4	5	2
2	6	6	2	2	6	4	3	5	2
6	5	1	4	4	4	1	4	2	5
2	6	3	1	1	1	1	3	5	5
2	6	5	6	2	6	6	2	5	2

10

이 글에서 배우는 유명한 산을 다니는 것을 좋아하지만 햇볕이 쨍쨍 내리쬐는 날에는 못 한다고 말하고 있으므로 햇볕이 내리쬐는 날에 등산을 즐긴다는 설명은 알맞지 않습니다.

11

'비결'은 '세상에 알려지지 않은 자기만의 뛰어난 방법.'을 뜻하며, '비결'과 뜻이 비슷한 말에는 '어떤 일을 오래 해서 자연스럽게 터득한 방법이나 요령.'을 뜻하는 '노하우'가 있습니다.

12

'어떤 것을 남에게 알기 쉽게 풀어 말함. 또는 그런 말.'을 뜻하는 낱말은 '설명'입니다. '공감'은 '다른 사람의 마음이나 생각에 대해 자신도 그렇다고 똑같이 느낌.'을 뜻합니다.